Zauber der Mythen

Herausgegeben von Theodor Seifert

Die Buchreihe „Zauber der Mythen" will mit der Darstellung einzelner Mythen durch verschiedene Autoren den Zugang zu einem in jedem Menschen vorhandenen Fundament von Lebenskraft und Lebensmöglichkeit vermitteln, ein Wiedererinnern ermöglichen.

Die einzelnen Bände zeigen, wie genau die alten Geschichten mit ihren Göttinnen und Göttern, Helden, Schicksalsverläufen und ewigen Gesetzen Lebensfragen darstellen und menschliche Probleme abbilden, die uns noch genauso vertraut sind wie unseren Vorfahren.

Die Geschichten sind faszinierend und ergreifend. Wir begegnen uns selbst in ihnen, schauen und erleben die Kraft und Weite unserer Seele, ihrer bislang nicht ausgeloteten Möglichkeiten. Wir spüren, was wir uns vorenthalten haben, wenn wir diese ewigen Themen unserer Existenz vernachlässigen. Ihnen zu begegnen ist dem Erleben vergleichbar, in dem sich die Bedeutung eines großen Traumes zum ersten Mal erschließt. Die Mythen spiegeln unser Leben und vermitteln die Gewißheit, daß es sinnvoll gelebt werden kann.

Olga Rinne

Medea

Das Recht auf Zorn und Eifersucht

Kreuz Verlag

CIP-Titelaufnahme der Deutschen Bibliothek

Rinne, Olga:
Medea: d. Recht auf Zorn u. Eifersucht /
Olga Rinne. – 1. Aufl. – Zürich: Kreuz-Verl., 1988
(Zauber der Mythen)
ISBN 3-268-00067-3

1. Auflage
© Kreuz Verlag AG Zürich 1988
Umschlaggestaltung: HF Ottmann
Umschlagfoto: Manfred P. Kage
ISBN 3 268 00067 3

Inhalt

Begegnung mit Medea

E s liegt einige Jahre zurück: Eine meiner Freundinnen hatte einen kleinen Kreis von Frauen um sich versammelt, um die Geburt ihrer Tochter zu feiern. Ganz dem Anlaß entsprechend, kreiste das Gespräch um „weibliche" Themen: Geburtserlebnisse, Kinderwünsche, Erinnerungen an die eigene Kindheit, die eigenen Mütter. Plötzlich trat für einen Augenblick völlige Stille ein. Die neue Mutter hatte erklärt, sie habe ihrer Tochter neben dem Rufnamen, den wir schon kannten, einen zweiten Vornamen gegeben: Medea.

Auf unseren Gesichtern spiegelten sich die unterschiedlichsten Empfindungen, von Verwirrung und ungläubigem Erstaunen bis hin zu offener Bestürzung. Medea? War das nicht die Frau, die ihre eigenen Kinder getötet hatte? Die Frage, die im Raum stand – warum hast du deiner Tochter ausgerechnet diesen Namen gegeben? –, sprach keine von uns aus. Es war uns klar, daß sich mit der Gestalt der Medea noch mehr verband, daß sie nicht einfach eine Kindesmörderin war, sondern eine mächtige, eindrucksvolle, starke Frauengestalt, die sich mit dem Unrecht, das ihr geschehen war, nicht abgefunden hatte. Aber gab ein Name, der so sehr von der Aura des Destruktiven umgeben war, der Tochter nicht auch eine furchtbare Belastung mit auf den

Weg? Der Name Medea, das wurde uns in diesem Augenblick wohl allen bewußt, rührt an die in unserer Kultur am tiefsten tabuierten Bereiche, die auch in uns selbst als Tabus verankert sind: Wut, Zorn, Widerstand, Macht, Gewalt und Rache passen nicht in unser Bild von Weiblichkeit hinein.

Mir gab dieses Erlebnis den ersten Anstoß, mich mit Medea eingehender zu befassen. Unter all den großen Frauengestalten der griechischen Mythologie ist Medea diejenige, die über die Jahrhunderte immer wieder die Phantasie von Philosophen, Lyrikern und Bühnenautoren angeregt hat, die immer wieder zum Mittelpunkt von Schauspielen, Gedichtzyklen, Dramen und in jüngster Zeit von Filmen wurde. Paradoxerweise löst ihr Name dennoch kein sofortiges Wiedererkennen aus, wie es etwa bei der schönen Helena oder bei Kassandra der Fall ist. Ist uns ihre Geschichte vielleicht so unangenehm und unbequem, daß wir es vorziehen, sie schnell wieder zu vergessen oder zu verdrängen?

Erinnern wir uns: Medea war eine kolchische Prinzessin, berühmt wegen ihrer Klugheit, ihrer Heilkunst und ihrer Zauberkräfte. Sie verliebte sich in Jason, den Anführer der Argonauten, der nach Kolchis gekommen war, um das Goldene Vlies zu erobern. Medea stellte sich gegen ihren Vater, um Jason zu helfen, und rettete den griechischen Helden aus Todesgefahr. Sie floh mit ihm auf seinem Schiff aus Kolchis und begleitete ihn nach Griechenland. Als Jason Medea nach langjähriger Ehe verließ, weil er die Tochter des Königs Kreon von Korinth heiraten wollte, und es sogar duldete, daß Kreon über Medea und ihre Kinder die Verbannung verhängte, richtete sie aus Zorn und Rache ein furchtbares Blutbad an. Sie tötete Jasons Geliebte, den König Kreon und – um Jason zu strafen – auch die beiden Kinder, die sie aus der Ehe mit ihm hatte.

So erzählte der Tragödiendichter Euripides die Geschichte, und so kennen wir sie bis heute in ihren vielen alten und neuen Fassungen, vom Bühnenstück bis hin zum Film.[1] Der um 485 v. Chr. geborene Dichter Euripides hat die Gestalt der Medea nicht „erfunden"; sie entstammt vielmehr einem viel älteren Mythenkreis, von dem nur Fragmente und Bruchstücke erhalten geblieben sind. Euripides ist allerdings der Erfinder des bis heute bekanntesten Zuges der Medea-Sage: Er war der erste, der sie als Mörderin ihrer eigenen Kinder darstellte.[2] Nach einer älteren Sagenversion war Medea selbst die Königin von Korinth, und die Korinther sollen – aus Unmut über die Herrschaft der mächtigen Zauberin – ihre Kinder getötet haben.

Die älteren Überlieferungen widersprechen einander, was Medeas Wesen, ihre Herkunft, ihre Taten und ihr Schicksal angeht. Nach Herodot verließ sie ihre Heimat Kolchis nicht freiwillig, sondern wurde von den Hellenen, die sich auf einem Raubzug befanden, entführt. Manche Versionen legen Medea Morde zur Last – an ihrem Bruder Apsyrtos und an Jasons Onkel Pelias –, andere sprechen sie davon frei oder geben Jason die Schuld. Die berühmtesten Heroen der griechischen Heldenepen werden mit Medea in Verbindung gebracht – neben Jason, der in allen Überlieferungen an erster Stelle steht, auch Sisyphos, Theseus und Herakles. Während sie Theseus als gefährliche Feindin entgegentritt, begegnet sie Sisyphos und Herakles als Schützerin und Heilerin.

Vieles weist darauf hin, daß die Medea der prä-hellenischen Überlieferungen eine bedeutendere, mächtigere und vor allem weitaus positivere Gestalt war als die, die wir aus der Tragödie des Euripides kennen. Der Name Medea (griechisch: mideia) bedeutet „die mit dem guten Rat"[3], und als weise, heilkundig und von überlegener Klugheit wird sie in allen Überlieferungen dargestellt. Es hieß, daß sie über die Macht verfügte, Leben zu erneuern und zu verjüngen, und daß sie Jasons alten Vater und später Jason selbst mit Hilfe eines Zauberkessels verjüngt habe. Medeas Verjüngungszauber ist ein beliebtes Motiv antiker Vasenbilder. Medea ist an einem Medizinkästchen oder einem Kräuterbündel, das sie in den Händen trägt, zu erkennen.[4] Man sieht sie, mal allein mit einem sitzenden oder stehenden Greis, mal in Begleitung zweier Frauen mit erhobenen Armen, neben einem großen Opfergefäß, aus dem ein Lamm oder ein junger Mann hervorspringt. Diesen Bildern haftet nichts Düsteres an; in den feierlichen und friedvollen Szenen klingt vielmehr die Erinnerung an eine segenspendende Göttin der Weisheit und der Heilkunst an, die mit der Macht über Leben, Tod und Wiedergeburt ausgestattet war. Auf einer Vase sind die aufrecht stehende junge Frau und der gebeugte Greis zu beiden Seiten des Kessels durch Inschriften als „Medea" und „Jason" gekennzeichnet. Dieses Bild ist der Reflex einer Sagenfassung, in der die Geschichte des mythischen Paares glücklich endet: Medea, die selbst unsterblich ist, verjüngt den gealterten Gatten.

Auch ein anderes Emblem, das der Mythos Medea zuordnet und mit dem sie häufig dargestellt wird, verweist auf ihre Herkunft aus der Götterwelt: Sie fährt auf einem von geflügelten Schlangen gezogenen Wagen. Vermutlich war Medea ursprünglich eine prähellenische Heil- und Weisheitsgöttin, die im Lauf der Zeit verkleinert, verdunkelt und personalisiert wurde und in die Sagenwelt herabsank.

Für Euripides war Medea keine Göttin mehr, sondern eine – wenn auch weise, mächtige und ungewöhnliche – sterbliche Frau, die mit ihrem Mann Jason auf der Flucht nach Korinth gekommen war und dort im Exil lebte. Was mag den Dichter bewogen haben, sie als Mörderin ihrer eigenen Kinder darzustellen? Nach einer anekdotisch anmutenden Anmerkung bei Scholiast sollen die Korinther den Dichter Euripides mit fünfzehn Talenten Silber bestochen haben, die Geschichte von der Tötung der Kinder Medeas so abzuändern, daß ihnen dabei keine Schuld zufiel. Aus historischer Sicht könnte diese (Parmeniskos zugeschriebene) Behauptung einen wahren Kern enthalten, denn in Korinth hatten nachweislich prähellenische Medeakulte bestanden, die in der Zeit der griechischen Stadtstaaten als „barbarisch" galten. Es ist denkbar, daß die Korinther es sich etwas kosten ließen, von ihrer engen Beziehung zu Medea befreit zu werden.[5]

Die Bestechungsgeschichte regt zu weiteren Überlegungen an, die sich auch auf die Gegenwart beziehen. Im Verständnis unserer Kultur würde eine Mutter sich eher selbst töten oder töten lassen, ehe sie zuließe, daß ihren Kindern etwas geschieht. Kindesmord ist die äußerste Grenzüberschreitung für eine Frau, das grauenvollste Verbrechen, das sie begehen kann. Hätte die Tragödie des Euripides eine ähnlich starke Wirkung gehabt, wenn der Dichter Medea nicht als Kindesmörderin dargestellt hätte?

Bei den Zuschauern im Theater – das gehört zur Zielsetzung und zum Sinn der griechischen Tragödie – soll die Tat der Frau, die durch die rücksichtslose und unmenschliche Behandlung, die sie erfährt, zum Äußersten getrieben wird, die Katharsis auslösen, die wachrüttelnde, tiefe Erschütterung, die den Blick auf die rechtlose Lage der Frauen – und in die Abgründe der eigenen Seele – freigibt.

„Keiner soll mich für gering und schwach halten und ruheliebend, sondern von entgegengesetzter Art...“; mit diesen Worten leitet Medea ihre Rache ein. Euripides gilt als der erste Autor, der für die Rechte der unterdrückten Hälfte der Menschheit eintrat. Am Beispiel Medeas stellte er die Situation der Frauen seiner Epoche, die sich wenig von der Stellung der Sklaven unterschied, exemplarisch dar. Der Dichter weckt zunächst Mitgefühl und Sympathie mit Medea, die als Opfer männlichen Eigennutzes und männlicher Machtprivilegien erscheint. Aber dann, zum Schluß der Tragödie, zeigt er Medea als rasende Furie, die in ihrem Kampf gegen das Unrecht und in ihrer Rache alle Grenzen der Menschlichkeit überschreitet. Könnte die euripideische Darstellung Medeas nicht auch Ausdruck einer männlichen Angstphantasie sein? Zeigt die Tragödie nicht auch, wo es hinführt, wenn eine Frau die weibliche Rollenzuweisung der patriarchalischen Welt zurückweist und ihrem Zorn freien Lauf läßt? Das Verhalten Jasons, der Medea kalt den Rücken kehrt, als sich ihm eine „bessere Partie“ bietet, und die Haltung Kreons, der die widerspenstige erste Frau seines zukünftigen Schwiegersohnes mit ihren Kindern in die Verbannung schickt, mußten für Schuldgefühle sorgen. Sorgte Medeas Verbrechen nicht auch für Entlastung? War sie nicht genauso unmenschlich wie ihre Unterdrücker? Nach ihrer Tat ist sie der Sphäre des menschlichen Mitgefühls – zumindest teilweise – entzogen.

Die ambivalente Gestalt der Medea ist das Symbol einer Zeitenwende, des Übergangs vom Matriarchat zum Patriarchat. An ihrer Entwicklung – genauer gesagt, an ihrem Abstieg – von der Heil- und Weisheitsgöttin zur mächtigen, klugen und gefährlichen Magierin und schließlich zur eifersüchtigen Gattin und zur Kindesmörderin läßt sich ablesen, wie das Weibliche, vor allem das mächtige Weibliche, mit zunehmendem Machtgewinn des Patriarchats entwertet und dämonisiert wurde. Im voll etablierten Patriarchat ist Medea die „Barbarin", die Fremde, „keine von uns", denn bei der von der patriarchalen Gesellschaft erwünschten und von ihr geprägten Frau wirken die Eigenschaften, die Medeas Stärke ausmachen – Stolz, Widerstandsgeist und entschlossene Tatkraft –, allenfalls noch im Unbewußten. Sie fühlt zwar noch, daß ihre Rechte, ihre Würde und ihre Selbstachtung verletzt werden, aber da sie das blasse und schwächliche Frauenbild der androzentrischen Kultur verinnerlicht hat, äußert sich ihre Wut über diese Verletzungen in Depressionen und in Selbsthaß.

Daran hat sich mittlerweile einiges geändert. Viele Frauen, die das patriarchale Bild von Weiblichkeit zurückweisen und nach einem neuen Selbstverständnis suchen, fühlen sich heute in der Welt, in die sie hineingeboren sind, fremd und wie im Exil. Wir leben heute wieder in einer Übergangszeit, in der sich, mit destruktiven und mit produktiven Vorzeichen, eine Zeitenwende ankündigt, auch im Verhältnis der Geschlechter. Die Gestalt der Medea ist ein gültiges Identifikationsbild für die Gegenwart: In der euripideischen Darstellung repräsentiert sie das „dunkle Weibliche", das wertvolle Kräfte enthält, die im Ich einer Frau nur freigesetzt werden können, wenn sie es wagt, in diese Dunkelheit hineinzuschauen und ihr ohne Angst zu begegnen; in den älteren Überlieferungen erscheint sie als Gegenbild zu der allzu fügsamen und zurückgenommenen Frau, die das Patriarchat hervorgebracht hat, als Symbol weiblicher Würde, Weisheit und Kompetenz, das Frauen heute für sich zurückzugewinnen suchen.

Der demokratische Prozeß der letzten zweihundert Jahre gab den Frauen die Möglichkeit, sich einzuschalten und auch um ihre Rechte zu kämpfen. Heute werden Frauen – zumindest in Europa und Nordamerika – nicht mehr wie Vieh verkauft, wie Sklaven behandelt, eingesperrt, in Unmündigkeit gehalten, ihres Eigentums beraubt, von der Bildung und jeglicher Form gesellschaftlicher Einflußnahme ausgeschlossen. Die Ehe ist heute nicht mehr die einzige wirtschaftliche Existenzmöglichkeit für eine Frau. Insbesondere durch die Entwicklungen der letzten zwanzig bis fünfundzwanzig Jahre steht ihr die Berufswelt nahezu uneingeschränkt offen. Wir haben einen Freiheitsspielraum, von dem noch unsere Großmütter kaum zu träumen wagten. Doch diese Entwicklungen sind noch jung, gemessen an der Dauer des Patriarchats der nach wie vor androzentrischen Kultur. Tradierte Verhaltensweisen, Einstellungen, Werte und Erziehungsnormen, die über die Jahrhunderte von Generation zu Generation weitergegeben wurden, wirken noch lange im

Unbewußten weiter, auch wenn sie im Alltagsleben an normativer Kraft und an Gültigkeit verloren haben und zu den bewußten Einstellungen und Absichten eines Menschen in Widerspruch stehen. Oft fehlt es Frauen an den äußeren und inneren Voraussetzungen, die Freiheitsspielräume, die ihnen theoretisch zur Verfügung stehen, auch wirklich zu nutzen, vor allem an Selbstvertrauen und Selbstwertgefühl. Für eine Frau ist es nicht leicht, das eigene Geschlecht als positiv und wertvoll zu erleben und eigene Kriterien und Wertmaßstäbe für „Weiblichkeit" zu finden. Als Frau in einer patriarchalen Gesellschaft aufzuwachsen bedeutete – und bedeutet noch immer –, dauernden Verletzungen des Selbstgefühls ausgesetzt zu sein. Wenn sie darauf besteht, als „Mensch wie alle anderen", das heißt als dem Mann gleichwertig und ebenbürtig angesehen zu werden, muß sie sich auch heute noch auf ein Leben in dauerndem Kampf um Selbstbehauptung einstellen. Alles, was in unserer Kultur als „typisch weiblich" gilt – wie Gefühlsbetontheit, Weichheit, Sanftheit, Nachgiebigkeit –, gilt als Schwäche. Umgekehrt werden Eigenschaften, die gesellschaftlich allgemein als negativ und unerwünscht gelten – wie Passivität, Abhängigkeit, Unterwürfigkeit und Inkonsequenz –, bei Frauen dennoch sehr geschätzt und sogar gefordert und erwartet. Respektloses, geringschätziges und die menschliche Würde herabsetzendes Verhalten gegenüber der Frau wie das Nachpfeifen, das laute und öffentliche Kommentieren körperlicher Eigenschaften oder das unaufgeforderte Durchbrechen der natürlichen Distanz-Aura eines menschlichen Körpers – alles das also, was die moderne Umgangssprache „Anmache" nennt und was Männer zu physischer Aggression provozieren würde –, soll von Frauen als Kompliment verstanden und als Huldigung an ihre Weiblichkeit anerkannt werden.

Die christlichen Ideale von Liebe, Ehe und Treue sind schon lange durch die bürgerliche Doppelmoral unterminiert – der Ehebruch war gewissermaßen das Gewohnheitsrecht des Mannes –, und heute fühlt sich kaum noch jemand daran gebunden. Sexuelle Freiheit wird, theoretisch zumindest, beiden Geschlechtern zugestanden. Dennoch wird von der Frau in der Partnerschaft – ausgesprochen oder unausgesprochen – Treue, Loyalität und dauerhaftes Engagement erwartet, während sie gleichzeitig die Freiheitsbedürfnisse des Mannes widerspruchslos tolerieren soll. Einfühlung in andere, das Zurückstellen der eigenen Bedürfnisse zugunsten der Beziehung, Opferbereitschaft und Bindungsfähigkeit werden ihr in der Erziehung nach wie vor als die höchsten Werte dargestellt, während Durchsetzungsvermögen, Konsequenz (auch was die eigenen Bedürfnisse angeht), Trennungsfähigkeit und Unabhängigkeit als die höchsten Tugenden des männlichen Lebens gelten. „Männliche Eigenschaften" und „weibliche Eigenschaften" sind in unserer Kultur so stark polarisiert, daß ein wirkliches Verstehen zwischen den Geschlechtern, solange sie sich mit diesen Eigenschaften identifizieren, nahezu ausgeschlossen erscheint. Die durch die Erziehung an Männer und an Frauen vermittelten Vorstellungen von Sinn und Inhalt einer Beziehung, von Reife und von einem sinnerfüllten Leben gehen so weit auseinander, daß man sich fragen muß, wie es je zu einer echten Partnerschaft zwischen den Geschlechtern kommen soll, die auf gegenseitiger Achtung und Wertschätzung beruht.[6]

Die Ausgangssituation Medeas, die alles aufgibt, um ihrem Helden zu folgen, die alles tut, um ihn in seinen Zielen zu unterstützen, und die in der Liebe zu ihm den Sinn ihres Lebens sieht, darf auch heute noch als typische Situation für eine Frau, vor allem für eine junge Frau gelten. Die „große Liebe", die Ehe oder eine eheähnliche, verbindliche Zweierbeziehung steht für die meisten Frauen im Zentrum ihres Daseins und absorbiert einen großen Teil ihrer Energien, obwohl sie durchaus zu kritischen Einsichten in die Rollenmechanismen unserer Kultur fähig sind. Die Fixierung auf die „große Liebe" zu kritisieren bedeutet nun nicht, daß Frauen wie Männer werden und zwischenmenschliche Beziehungen dem beruflichen Erfolg nachordnen sollten, daß sie eine von den Gefühlen abgespaltene Sexualität kultivieren, Bindungen ablehnen und auf so wichtige menschliche Fähigkeiten wie Empathie und Verständnis für die Gefühle und Bedürfnisse anderer verzichten sollten. Es bedeutet aber, daß Frauen von Illusionen und Träumen Abschied nehmen müssen, die Generationen lang die Kompensation für ihre reale Machtlosigkeit und ihre Zweitrangigkeit in der Gesellschaft waren. Wie destruktiv sich die Fixierung an die „große Liebe" auswirken kann, zeigt die Geschichte Medeas. Eine Frau, die in der Liebesbeziehung zu einem Mann den ausschließlichen Sinn und Inhalt ihres Lebens sieht, steht mit leeren Händen da, wenn ihre Kinder sie nicht mehr brauchen, wenn ihr Mann sich einer anderen zuwendet und wenn sie den männlichen Vorstellungen von Schönheit und sexueller Attraktivität nicht mehr zu genügen glaubt. Da sie all ihre Energien in die Beziehung investiert hat, fühlt sie sich nun um ihr Leben betrogen. Vielleicht reagiert sie mit Wut und Rachegefühlen gegen ihren Mann, gegen die Gesellschaft, die sie in diese Rolle drängte, aber da es in höchstem Maße als „unweiblich" gilt, Wut, Zorn und Rachegefühle offen zu zeigen, wird sie ihre Aggressionen vermutlich nach innen wenden und in selbstzerstörerische Depression verfallen.

So manche Frau spürt den Zorn einer Medea in sich, wenn die Liebesbeziehung, die der Inhalt ihres Lebens war, in die Krise gerät, wenn sie unter Eifersucht leidet, wenn sie besser durchschaut, wem die in unserer Kultur gültigen Rollenideale von „Weiblichkeit" nützen, und wenn sie spürt, wie sehr sie sich mit den männlichen Vorstellungen vom „Wert" einer Frau identifizierte, „nach denen sie vor allem schön, jung und erfolgreich oder mütterlich und aufopferungsvoll zu sein hat".[7] Gerade im mittleren Lebensalter wird es vielen Frauen klar, daß sie sich dieser „Ideale" von Weiblichkeit entledigen müssen, wenn sie als Menschen überleben wollen.

Die Geschichte des Paares Medea und Jason kann uns, Männern und Frauen, wichtige Denkanstöße geben. Sie ist wie ein dunkler Spiegel, in den wir alle hineinschauen sollten, um zu erkennen, wie wir uns im Beharren auf falschen Leitbildern in unserer Menschlichkeit verletzen.

Ich will hier die Geschichte Medeas noch einmal aufrollen und dabei versuchen, nachzuvollziehen, wie „die mit dem guten Rat" von der segenspendenden Göttin zur verderbenbringenden Magierin und schließlich zur eifersüchtigen Gattin wurde – und in welchem Zusammenhang dieser Prozeß mit der Definition der Geschlechterrollen steht, die bis heute in unserer Kultur normgebend ist.

Allem Anschein nach gab es zwei Hauptstränge der Medea-Überlieferung: die thessalische, die von der kolchischen Medea erzählt, und die korinthische, die sich vor allem auf vorhellenische Kulte bezog, die um Medea und ihre Kinder kreisten. Der größte zusammenhängende Teil der Geschichte von Medea und Jason in Kolchis ist in der (thessalischen) Argonautensage überliefert, am vollständigsten in der Fassung des Apollonios Rhodios. Die epische Fassung der alten korinthischen Überlieferung, die Korinthiaka des Eumelos, ging verloren.[8]

Eine besondere Schwierigkeit im Umgang mit der griechischen Mythologie liegt darin, daß die in ihr verschmolzenen Mythen oder Mythenfragmente unterschiedlicher Herkunft durch einen Prozeß fortlaufender Umdeutung, Anpassung, Regulierung und literarischer Bearbeitung gegangen sind und daß ihre ursprüngliche Gestalt oft nur durch das Heranziehen älterer Symbole und den Vergleich mit ähnlichen oder parallelen Mythen zu erkennen ist. Die Widersprüchlichkeit der Mythenfragmente ist zwar störend, aber aufschlußreich, was die Transformation der Medea-Gestalt angeht; daher werde ich nicht versuchen, sie zu „glätten". Um die Darstellung nicht übermäßig zu komplizieren, beschränke ich mich auf die Hauptepisoden der Geschichte von Medea und Jason und spare Einzelheiten aus. Meine Darstellung folgt der Argonautica des Apollonios Rhodios[9] und den Zusammenfassungen des Mythenkomplexes von Karl Kerényi[10] und Robert von Ranke-Graves[11]. Parallele Mythen, die zur Klärung dienen, nehme ich in die Darstellung auf.

Erster Teil

Das Bild der Medea
in Mythos und Sage

Die kolchische Medea

Medea entstammte dem alten Geschlecht von Sonne und Mond. Aietes, der Sohn des Sonnengottes Helios, wird in allen Überlieferungen als ihr Vater benannt. Uneinigkeit herrscht unter den Mythographen über ihre Mutter und ihre weiblichen Verwandten. Die ältesten Quellen nennen Medeas Mutter Idyia, „die Wissende", oder, mit einem anderen Mondnamen, Neaira, „die Neue". Nach anderen Erzählungen war Asterodeia, „die auf der Sternenbahn", die Mutter Medeas und ihrer Schwester Chalkiope. Asterodeia wird auch die Mutter des Phaëton oder Apsyrtos genannt, der Medeas Halbbruder war.

Die Zauberin Circe galt manchen Erzählern als die Schwester des Aietes, anderen als die Schwester der Medea. Von beiden Frauen erzählten die Sagen, daß sie Priesterinnen der Hekate gewesen seien; beide galten als weise, heilkundig und zaubermächtig, aber auch als düster und gefährlich. Manchmal heißt es aber auch, daß die alte Göttin Hekate selbst die Gemahlin des Aietes und die Mutter Medeas und Circes gewesen sei.

Aia hieß die Heimat der Medea, Aia hieß auch die Stadt, deren Regent Aietes war. Die Insel der Circe, die diesem Land vorgelagert war, wurde Aiaia ge-

nannt. Aia, Aiaia – das sind Laute des Seufzens und
Klagens, aber auch Ausrufe des Erstaunens und der
Verwunderung. Das Land Aia, das später mit Kolchis
am Kaukasos gleichgesetzt wurde, war wohl auch
ursprünglich kein Ort für Sterbliche, sondern ein
Land des Frühlichts, wo die Sonne nachts schlief
und morgens erwachte, ein paradiesisches Jenseitsland, hinter Nebeln verborgen wie Avalon, die mythische Jenseitsinsel der Kelten.

Nach der Erzählung des Apollonios Rhodios war
der Palast des Aietes staunenerregend. In seinem
weiten, von Weinstöcken üppig berankten Innenhof
stand ein Brunnen, aus dessen vier Öffnungen Wein,
Milch, Öl und kristallklares Wasser sprudelten,
Quellen, die an die vier Flüsse des Paradieses erinnern. Aietes wurde von den alten Erzählern als
düster und argwöhnisch geschildert, wie ein Herrscher der Unterwelt. Im Inneren seines Palastes
oder in einem Eichenhain war das Goldene Vlies
verborgen, bewacht von einer riesenhaften Schlange, die niemals schlief. Dieses Vlies zu erobern
wurde der Heros Jason ausgeschickt. Nur durch den
guten Rat und die Hilfe des göttlichen Mädchens
Medea konnte er seine Aufgabe erfüllen und das
Haus des Aietes wieder verlassen, ebenso wie der
Held Theseus, der nur durch die Hilfe Ariadnes dem
kretischen Labyrinth des Minos entkam.

Jason und Medea

Jason kam aus dem thessalischen Iolkos; er war
ein Verwandter des Phrixos, der das Goldene Vlies
einst nach Kolchis gebracht hatte. Als Phrixos von

seinem Vater geopfert werden sollte, sandte Hermes in dem Augenblick, da dieser das Messer erhob, einen geflügelten goldenen Widder, auf dessen Rükken Phrixos nach Kolchis entfloh. Dort brachte er den goldenen Widder als Dankopfer dar und blieb bis zu seinem Tod als Gemahl der Chalkiope, der Schwester Medeas, im Palast des Aietes.

Jasons Vater Aison wurde von seinem Halbbruder Pelias vom Thron verdrängt. Den Säugling Diomedes (so hieß Jason ursprünglich) brachte man in das Peliongebirge, um ihn den Mordabsichten des Pelias zu entziehen. Dort wurde er, wie soviele andere berühmte Heroen, von dem weisen Kentauren Cheiron erzogen. Von Cheiron soll er auch den ehrenden Beinamen Jason, „der Heilung bringt" erhalten haben.

Jason stand unter dem Schutz der Göttin Hera. Er war ihr einmal auf der Jagd begegnet, am Ufer eines Flusses, der Hochwasser führte. Hera hatte die Gestalt einer alten Frau angenommen, und Jason, der in ihr nicht die Göttin erkannte, trug sie auf seinen Schultern über den Fluß. Dabei verlor er eine seiner Sandalen. Als „monosandalos", Mann mit einem Schuh, kam er auch nach Iolkos, um die Herrschaft von Pelias zurückzufordern. Der „monosandalos" war für die alten Erzähler eine unheimliche Gestalt, ein Mann, der mit einem Fuß in einer anderen Welt, vielleicht der Unterwelt stand. Pelias, dem ein Orakel geweissagt hatte, er werde durch einen Mann, der nur eine Sandale trage, den Tod finden, ging scheinbar auf den Thronanspruch des Helden ein, stellte ihm aber eine Bedingung. Er sagte, das Land sei von Dürre bedroht und der Geist des Phrixos sei ihm im Traum erschienen und habe gefordert, man solle seine Seele (das Goldene Vlies) aus dem Haus des Aietes nach Iolkos zurückholen. Wenn Jason ihm das Goldene Vlies bringe, werde er, Pelias, ihm die Herrschaft übergeben.

Diese Heroenaufgabe war der Anlaß der Argonautenfahrt, an der die berühmtesten Helden aus allen Teilen Griechenlands teilnahmen. Die Seefahrer erhielten ihren Namen von dem Schiff Argo, das mit Athenes Hilfe oder sogar von Athene selbst erbaut worden war. Die Argonauten erreichten Kolchis nach einer langen gefahrvollen Reise, auf der sie viele Abenteuer bestehen mußten.

Medea war die erste im Palast des Aietes, die den Helden Jason sah, und bei seinem Anblick wurde, wie der Dichter Apollonios sagte, „ihr Herz von sprachlosem Staunen ergriffen". In den ältesten Erzählungen trat Jason allein vor Aietes hin, forderte das Goldene Vlies von ihm und wurde in den Todesrachen der Schlange hineingeschickt. „Durch einen Vasenmaler erfahren wir (...), wie Jason aus dem Rachen der Riesenschlange wieder hervorkam: in demselben Zustand wie Herakles aus der Höhle des Löwen von Nemea und wie es wohl auch natürlich war, wenn die Unterwelt je einen Sterblichen der Welt der Lebenden zurückgab. Ohnmächtig hing er aus dem Mund des Drachen. Das Vlies am Baum ist sichtbar, und auch die Gegenwart der Göttin Athene mit der Eule bezeugt, daß der Heros dennoch nicht tot ist. Zu Tode erschöpft, kehrte er aus dem Bauch des Ungeheuers zurück und brauchte die Retterin, die ihn aus der Todestrunkenheit wiedererwecken sollte. Das tat nach dieser Darstellung Athene, sonst aber Medea, die auf den Vasenbildern mit ihren Zauberkräutern dem Heros folgt. Das Schwierigste für die späteren Erzähler war dieser scheinbare und gewissermaßen doch erlittene Tod des Jason, durch den er das Goldene Vlies gewann."[1]

In den jüngeren Erzählungen traten die Proben, die Aietes Jason auferlegte und die er mit Medeas Hilfe bestand, an die Stelle des Drachenkampfes. Aietes besaß zwei wilde, feuerschnaubende Stiere mit metallenen Hufen und Köpfen, die Jason überwinden und ins Joch spannen mußte. Eine rote Pflanzensalbe, die Medea dem Helden vor dem Tempel der Hekate gegeben hatte (denn für Apollonios Rhodios war Medea die junge Hekatepriesterin), schützte ihn vor dem Feueratem der Stiere und verlieh ihm Tapferkeit und übermenschliche Kraft. Auf das Bezwingen der Stiere folgte ein Wettbewerb im Pflügen mit Aietes und die Aussaat der Drachenzähne des Kadmos, die der kolchische König von Athene erhalten hatte. Auch Kadmos, der Begründer der Stadt Theben, hatte mit einem Schlangenungeheuer gekämpft und es mit Athenes Hilfe bezwungen. Aus den Zähnen der Schlange, die er auf den Rat der Göttin ausgesät hatte, waren Spartoi, „Gesäte Männer" entsprungen, waffenstarrende Riesen der Erde. Kadmos warf einen großen Stein unter sie, worauf die Titanen in Streit gerieten und sich gegenseitig erschlugen. Auf Medeas Rat gebrauchte Jason dieselbe List; die Krieger schlugen mit ihren Waffen aufeinander ein, und Jason bekämpfte und besiegte nur noch die letzten Überlebenden.

Apollonios Rhodios erzählte dann, daß Aietes, obwohl Jason die Proben bestanden hatte, nicht bereit war, ihm das Goldene Vlies zu geben, sondern mit seinen Kriegern beratschlagte, wie er die Argonauten töten und ihr Schiff, das auf dem Fluß Phasis im Schilf verborgen lag, verbrennen könne. Medea, die den Kriegsrat belauscht hatte, verließ im Schutz der Nacht den Palast und rief Jason von der Argo zu sich. Sie führte ihn in den Hain des Ares, wo das Vlies von den Ästen einer Eiche herabhing, bewacht von der Schlange. Medea schläferte das Ungeheuer mit ihrem Gesang und ihren Zauberkräutern ein. Jason stieg auf die Eiche und holte das Goldene Vlies herunter, das einen flammenden Widerschein über seine Gestalt warf. Am Ufer des Phasis wiederholte er das Versprechen, das er Medea bereits vor dem Tempel der Hekate gegeben hatte, sie als Gattin in seine Heimat zu führen und ihr immer die Treue zu halten, und bekräftigte es mit einem Schwur, zu dessen Zeugen er alle Götter anrief.

Medea floh mit Jason auf der Argo; Aietes sandte Schiffe zu ihrer Verfolgung aus. Bei dieser Verfolgungsjagd fand Medeas Halbbruder Phaëton oder Apsyrtos den Tod. Nach manchen Überlieferungen war Apsyrtos noch ein Kind, das Medea bei ihrer Flucht mitnahm, das sie zerstückelte und dessen Leichenteile sie in den Fluß Phasis warf, wo sie von der Strömung davongetragen wurden. (Der Name Apsyrtos bedeutet „weggeschwemmt".) Ursprünglich wurden die Teile des geopferten göttlichen Kindes wohl gesammelt und wieder zusammengesetzt, wie es die Göttin Rhea mit dem zerstückelten Dionysos und wie es die olympischen Götter mit dem von seinem Vater Tantalos zerstückelten Pelops gemacht hatten. Später erzählte man aber, durch diese grausame Kriegslist habe Medea die Verfolger zurückgeworfen, die, um dem Sohn des Aietes ein würdiges Begräbnis zu geben, die Leichenteile einsammeln mußten.

Für Apollonios Rhodios war Apsyrtos bereits ein erwachsener Mann und ein geschickter Stratege. Er blockierte mit seinem Schiff einen Flußarm oder eine Meerenge, während die anderen kolchischen Schiffe die Argo von hinten einkreisten. Medea wurde auf eine nahe, der Artemis geweihte Insel gebracht, während die Kolcher und die Argonauten verhandelten. Nach der Vereinbarung, die sie trafen, hätten die Helden der Argo mit dem Vlies weiterziehen können, aber Medea auf der Insel zurücklassen müssen (so wie Theseus Ariadne auf der Insel Dia zurückließ). Aber die Argonauten hatten nur scheinbar eingewilligt; Medea und Jason verfolgten einen anderen Plan. Medea ließ ihrem Bruder die Nachricht zukommen, sie sei entführt worden und er solle sie nach Kolchis zurückbringen. Als Apsyrtos auf die Artemisinsel kam, lauerte Jason ihm auf und tötete ihn mit dem Schwert.

Das Heer der Kolcher zerstreute sich, und die Argo segelte weiter. Doch auf der Demeterinsel Drepane trafen die feindlichen Gruppen erneut zusammen. Die Argonauten waren von dem Königspaar Alkinoos und Arete gastlich aufgenommen worden. Kurz nach ihnen landeten auch die Kolcher auf Drepane und forderten Alkinoos auf, Medea herauszugeben. Medea hatte die Königin Arete um ihren Schutz gebeten und in ihr eine Fürsprecherin gefunden. Alkinoos, der Blutvergießen vermeiden wollte, erklärte, er werde am folgenden Tag seinen Schiedsspruch kundtun. Seine Entscheidung erfuhr seine Gattin Arete in einem nächtlichen Gespräch: Er wollte Medea nur dann nach Kolchis zurückschicken, wenn sie ihr Lager noch nicht mit Jason geteilt habe.

Nach einer alten Überlieferung hatten sich Medea und Jason in derselben Nacht, in der der Held dem Todesrachen der Schlange entronnen war, an den Ufern des Phasis geliebt. Für Apollonios Rhodios war Medea jedoch noch ein unberührtes Mädchen. Als Arete den Schiedsspruch des Gatten erfahren hatte, sandte sie einen Boten zu Jason, und noch in derselben Nacht wurde in einer heiligen Grotte, der Höhle der Makris, die Hochzeit gefeiert. Das Goldene Vlies wurde über das Brautlager gebreitet, und Hera selbst sandte Flußnymphen aus, die duftende Blumen in der Grotte verstreuten und flammendes Licht auf ihren Wänden spielen ließen. Seither wurde dieser Ort, wie der Dichter erzählte, die heilige Höhle der Medea genannt.

Die Rückkehr der Argo nach Thessalien war nicht weniger abenteuerlich und gefahrvoll als die Hinreise nach Kolchis. Immer wieder griff Medea mit ihren Zauberkräften ein, um die Argo und ihre Besatzung vor drohenden Gefahren zu schützen. Die Geschichte der Argonauten endet mit ihrer Ankunft in der Bucht von Pasagai, aber von Medea und Jason erzählen noch andere Überlieferungen.

Medea und die Peliaden

Die Vasenmaler zeigen Medea oft neben einem Opferkessel, aus dem ein Lamm oder ein Jüngling hervorspringt. Es hieß, daß sie durch die Opferwandlung in ihrem Zauberkessel Neugeburt und Verjüngung bewirken könne. Diese Art der Wandlung war den Erzählern auch aus anderen Überlieferungen vertraut. Die Götterkinder Dionysos und

Pelops wurden in einem Kessel gekocht und so zu neuer, unsterblicher Gestalt gewandelt. Nach alten Erzählungen stieg Helios, der Sonnengott, jede Nacht in einen Kessel, in dem er den dunklen Okeanos überquerte und dem er morgens verjüngt wieder entstieg.

Nach der Rückkehr der Argo soll Medea den greisen Vater Jasons, Aison, der schon zu gebrechlich war, um an den Feierlichkeiten zu Ehren der Argonauten teilzunehmen, mit Hilfe ihres Zauberkessels verjüngt haben.

Nach anderen Berichten fanden die Argonauten bei ihrer Ankunft in Pasagai nahe Iolkos niemanden vor, der sie begrüßt oder willkommen geheißen hätte. Die Stadttore von Iolkos waren geschlossen, denn Pelias, der die Familie des Jason hatte töten lassen, fürchtete die Rache des Helden. Jason plante, Iolkos im Kampf zu nehmen, aber Akastos, der

Detail, schwarzfigurige Amphore, attisch, 6. Jahrh. v. Chr.

Sohn des Pelias, der an der Argonautenfahrt teilge-
nommen hatte, weigerte sich, gegen seinen Vater zu
kämpfen. Medea erbot sich, die Stadt allein zu nehmen. In der Gestalt einer uralten Priesterin führte
sie eine Prozession von zwölf Mädchen an (ein Ge-
folge, das Arete ihr mitgegeben hatte). Die beein-
druckten Wächter an den Stadttoren ließen sie ein,
und sie gelangte zu dem greisen Pelias, vor dessen
Augen sie sich in eine schöne junge Frau zurückver-
wandelte. Sie bot den Töchtern des Pelias an, sie
den Verjüngungszauber zu lehren. Ein alter Widder
wurde geopfert. Medea zerschnitt ihn, kochte seine
Stücke in einem Kessel und ließ aus dem Opfergefäß
ein Lamm hervorspringen. Diese Demonstration
machte den Töchtern des Pelias Mut, ihren Vater zu
töten, zu zerstückeln und in den Kessel zu werfen,
dem er jedoch nie wieder entsteigen sollte. Eine der
Töchter, die Mißtrauen gezeigt hatte, war von Medea
auf das Dach des Palastes geschickt worden, um dort
zu Ehren des Mondes eine Fackel anzuzünden. Auf
dieses Signal hin erstürmten die Argonauten die
Stadt. Jason verzichtete nach diesem Racheakt jedoch auf den iolkischen Thron und überließ Akastos
die Herrschaft.

Die korinthische Medea

Von dem Paar Medea und Jason erzählt auch die
korinthische Überlieferung. Die Korinther verehrten
den Sonnengott Helios, dem die höchste Erhebung
des Landes, der Berg Akrokorinthos, geweiht war.
Alle Regenten der Stadt gehörten dem Sonnenge-
schlecht an. Nach dem Tod des letzten „Korinthos"

war Medea, die Enkelin der Sonne, die Thronerbin; sie übernahm die Herrschaft über Korinth und setzte ihren Gemahl Jason als Regenten ein. Man schrieb Medea die Gründung des Heiligtums der Hera Akraia (Hera von der Höhe) zu, dem sie auch als Priesterin vorstand. Vierzehn Kinder hatte Medea, sieben Mädchen und sieben Knaben; diese Anzahl entsprach der ersten, fruchtbaren Hälfte des heiligen Mondmonats. Die Korinther sollen, aus Unmut über die Herrschaft der fremden Zauberin, diese Kinder getötet haben. Um die Untat zu büßen, mußten sie seither jedes Jahr vierzehn Kinder zum Tempeldienst in das Heiligtum der Hera Akraia schicken. Die Kinder verbrachten das ganze Jahr im Tempel, wie in der Verbannung oder im Grab. „Man betrauerte sie wie Tote und brachte ihnen Opfer dar, wie zürnenden Göttern."[2]

Es heißt auch, daß die Göttin Hera ihrer Priesterin Medea wohlgesonnen war und daß sie Medeas Kinder unsterblich machen wollte. Medea brachte ihre Neugeborenen in den Tempel der Hera, um sie durch das heilige Feuer von ihrer Sterblichkeit zu befreien. (Denselben Ritus wollten auch die Göttinnen Demeter und Thetis an den Kindern Demophoon und Achilles vollziehen: Sie hielten die Kinder in ein Feuer, um ihre Sterblichkeit hinwegzubrennen. Doch jedesmal traten Uneingeweihte hinzu, Metaneira, die Mutter Demophoons, oder Peleus, der sterbliche Gatte der Thetis; sie verkannten die Absichten der Göttinnen und unterbrachen den Ritus. Peleus ergriff das Kind Achilles am Fuß und zog es aus dem Feuer, und bekanntlich blieb die Ferse die verwundbare Stelle des Helden.) Ebenso erging es Medea mit Jason. Er unterbrach den Ritus voller

Zorn, verließ Medea und kehrte nach Iolkos zurück. Medea verließ Korinth in ihrem Schlangenwagen, nachdem sie dem Sisyphos die Herrschaft übergeben hatte.

In manchen Erzählungen heißt es auch, daß Medea nur zwei Söhne gehabt habe, die von den Korinthern mit Jasons Billigung gesteinigt wurden. Der Grund dafür war Medeas Anschlag auf Glauke, der Jason nach zehnjähriger Regentschaft in Korinth seine Gunst zugewandt hatte und die er heiraten wollte. Medea sandte der anderen Frau durch ihre Söhne ein Geschenk: ein weißes Gewand und ein goldenes Diadem, die in unlöschbare Flammen aufgingen, als Glauke sie anlegte. Die brennende Glauke warf sich in einen Brunnen oder in einen Fluß, der seither ihren Namen trug.

Medea im Exil

Nachdem Medea Korinth verlassen hatte, trat sie eine lange Exilreise an. Sie ging nach Theben zu Herakles, den sie vom Wahnsinn geheilt hatte und der ihr freundschaftlich verbunden war, doch die Thebaner wollten die fremde Zauberin nicht in ihrer Mitte dulden, und so mußte sie weiterziehen. Lange Zeit lebte sie in Athen, mit Aigeus, der als der Vater ihres Sohnes Medos galt. Als Theseus nach Athen kam, sich als Sohn des Aigeus zu erkennen gab und den Thron beanspruchte, soll Medea versucht haben, den Helden mit einem vergifteten Trank zu töten. Sie entging der Rache des Theseus, indem sie sich in einer Wolke verbarg und mit ihrem Sohn Medos entfloh. In Thessalien, Italien und Kleinasien soll Medea sich aufgehalten haben, ehe sie mit Medos nach Kolchis zurückkehrte; sie vergrößerte das Reich, so daß es das spätere Media umfaßte, und setzte ihren Sohn als Regenten ein.

„Diese und ähnliche Geschichten schlossen sich leicht den älteren Erzählungen an, die von einer anderen, letzten und endgültigen Ankunft der Enkelin der Sonne wußten. In Elysion oder (. . .) auf der Insel der Seligen wurde Medea für immer mit Achilleus vermählt."[3]

Jason soll von seinem Glück verlassen worden sein, nachdem er den vor allen Göttern geschworenen Treueeid an Medea gebrochen hatte. Als heimatloser Fremdling zog er umher, kehrte zur Argo zurück und legte sich in ihren Schatten. In diesem Augenblick stürzte der Bug des Schiffes herab und erschlug ihn. Nach einer anderen Überlieferung nahm die Geschichte von Medea und Jason ein versöhnliches Ende: Medea, die selbst unsterblich war, verjüngte den Gatten, als er alt geworden war, wie sie es mit seinem Vater Aison getan hatte.

Medea in der Tragödie[4]

Die Tragödie des Euripides ist eine literarische Bearbeitung der überlieferten Medea-Sagen. Der Dichter übertrug den Stoff auf seine Zeit und paßte ihn den Inhalten an, die er vermitteln wollte. In seiner Version war Kreon der Herrscher des Stadtstaates Korinth; Medea und Jason waren Abhängige, die auf der Flucht aus Iolkos nach Korinth gekommen waren und dort mit ihren Kindern im Exil lebten. An die Stelle von Glauke trat Kreusa, die

Tochter des Königs Kreon, der Jason nach Jahren
der Ehe mit Medea seine Aufmerksamkeit zuwandte
und die er heiraten wollte.

Wenn doch das Argo-Schiff nicht hindurchgeflogen
wäre
durch die düsteren Symplegaden in das Kolcher-
land,
und wäre doch in den Tälern des Pelion nie
gefallen
die abgeschnittene Fichte und hätte nicht berudert
die Hände
der besten Männer, die das Vlies, ganz aus Gold,
für Pelias holten. Denn nicht wäre dann meine
Herrin,
Medea, zu den Türmen des iolkischen Landes
gefahren,
von Liebe zu Jason im Herzen verstört.
Sie hätte nicht die Peliastöchter dazu überredet,
zu töten
den Vater und bewohnte nicht dieses korinthische
Land
mit Mann und Kindern, den Bürgern gefallend,
in deren Land sie auf der Flucht gelangt,
und selbst in allem Jason nützend: denn dies wird
zum größten Heil,
wenn eine Frau mit ihrem Mann sich nicht
entzweit.
Nun aber ist alles feindlich und es krankt das
Liebste.
Verraten hat nämlich die eigenen Kinder und
meine Herrin Jason
und nistet sich in königliche Ehe ein,
heiratet Kreons Kind, der herrscht im Lande.

Und Medea, unglücklich, entehrt, schreit heraus
die Eide, ruft
die rechte Hand wieder, das stärkste Treuepfand,
und die Götter nimmt sie zu Zeugen dafür,
welche Dankbarkeit sie von Jason empfange.
Sie liegt da ohne Speise, den Körper ihren
Schmerzen hingebend.
Die ganze Zeit läßt sie in Tränen zerschmelzen,
seitdem sie merkte,
wie von ihrem Mann unrecht sie litt...

Diese Worte der Amme leiten die Tragödie des
Euripides ein. Für den Dichter war Jason ein unter-
würfiger Flüchtling, der aus der Heirat mit der Tochter des Machthabers (denn das bedeutet der Name
Kreon) Gewinn ziehen wollte. Kreon, der Medeas
Zorn fürchtete, verhängte über sie und ihre Kinder
die Verbannung. Er gewährte ihr widerstrebend die
Bitte, noch einen Tag bleiben zu dürfen, drohte ihr
aber, sie töten zu lassen, wenn sie bei Morgengrauen
noch innerhalb der Grenzen des Landes gefunden
werde. Jason verhinderte dieses Unrecht nicht. Er
rechtfertigte sich vor Medea mit folgenden Worten:

...wo es dir möglich wäre, hier Land und Haus zu
bewohnen,
ertrügest du nur leicht der Mächtigen Beschlüsse,
läßt du dich törichter Worte wegen aus dem Lande
werfen.
Mir zwar ist es gleichgültig. Sag ruhig weiter,
Jason sei der schlechteste Mann.
Doch nach dem, was du gegen das Königshaus
gesagt hast, kannst

du es für ein großes Glück halten,
daß du nur mit Verbannung büßt...

Medea klagte Jason mit verletzenden Worten der Untreue und der Undankbarkeit an und hielt ihm vor, daß er ihr sein Leben verdanke. Aber Jason wies ebenso hart jede Verpflichtung zurück:

Ich aber – denn allzusehr türmst du deine Gunst
auf –
glaube, daß Kypris[5] als einzige meiner Rettung
Lenkerin ist vor Göttern und Menschen.
Du hast einen scharfen Verstand, aber lästig wäre
es,
im einzelnen durchzugehen, wie Eros dich zwang,
mit seinen unentrinnbaren Pfeilen, mein Leben zu
retten.
Aber nicht zu genau will ich dies darlegen,
denn wie auch immer du nütztest, war es gut.
Größeres hast du für meine Rettung fürwahr
empfangen als gegeben, wie ich dir beweisen
werde.
Zunächst bewohnst du statt Barbarenland
griechische Erde und weißt das Recht
und Gesetze zu brauchen, nicht nach der Kraft
roher Gewalt.
Und alle Griechen merkten, daß du weise bist,
so erwarbst du Ruhm. Wenn du jedoch an den
äußeren Grenzen
der Erde wohntest, wäre keine Rede von dir.

Nach einem erbitterten Wortgefecht sagte sich Jason endgültig von Medea los. Medea fand nur einen einzigen Freund, der ihr Achtung entgegenbrachte, den König Aigeus von Athen, der auf dem Rückweg vom delphischen Orakel nach Korinth kam. Ihm erzählte sie von ihrem Unglück, und er bot ihr in Athen eine Zuflucht an. Diese Begegnung gab Medea die Kraft, ihre Rache zu planen:

Ich will also einen meiner Diener schicken
und Jason bitten, mir vor die Augen zu treten.
Ist er da, will ich ihm schmeichelnde Worte sagen,
daß auch ich einverstanden bin und daß es so gut
ist,
die Ehe mit der Königstochter, für die er mich
preisgab,
und daß es nützlich sei und wohlbedacht.
Ich will ihn bitten, daß meine Kinder bleiben
dürfen,
nicht damit ich sie hier in feindlichem Land lasse,
meinen Feinden meine Kinder zum Gespött,
sondern um mit List die Königstochter zu töten.
Denn ich will sie mit Geschenken in den Händen
hinsenden,
sie der Braut zu bringen, daß sie dieses Land nicht
verlassen müssen,
ein dünnes Gewand und ein goldgetriebenes
Geflecht.
Und nimmt sie dann den Schmuck und legt ihn um
den Leib,
so geht sie elend zugrunde und jeder, der das
Mädchen berührt.
Mit solchen Zaubermitteln will ich salben die
Geschenke.
Und hier nun will ich diese Rede abbrechen.
Ich muß weinen, denke ich, welches Werk ich dann
vollbringen muß.

Denn meine Kinder werde ich töten.
Es gibt niemand, der sie wird retten können.
Und wenn ich dann das gesamte Geschlecht
Jasons vernichtet habe,
will ich das Land verlassen, vor der liebsten
Kinder Mord
fliehend, wenn ich das gottloseste Werk vollbracht
habe.
Denn von Feinden verlacht zu werden ist nicht
erträglich, liebe Frauen.
Soll es dahingehen! Was nützt mir das Leben?...

So wie Medea es geplant hatte, nahm das Verhängnis seinen Lauf. Nur Jason blieb am Leben, wie Medea es gewollt hatte, denn er sollte dastehen als einer, der alles verloren hat; er sollte so unglücklich werden, wie sie selbst es war – das war das Ziel ihrer Rache.

Zum Schluß mündet die Tragödie wieder in den Mythos ein. Medea bestattet ihre Kinder im Tempel der Hera Akraia und begründet „ein heiliges Fest und Weihen (...) für die Zukunft, diesen gottlosen Mord zu sühnen". Helios sendet seinen Schlangenwagen herab, der die Sonnenenkelin aus der Sphäre der menschlichen Welt hinwegträgt.

Zweiter Teil

Transformationsstufen des Mythos

Die Spuren der alten Göttin

Im traditionellen Geschichtsverständnis unserer Gesellschaft begann die Kulturentwicklung erst mit den griechischen Stadtstaaten der Antike und mit dem Römischen Reich. Daß die Vorläufer dieser Gesellschaften, die Hochkulturen von Sumer, Altpersien, Altägypten und Kreta bereits den Höhe- und Endpunkt einer vorangegangenen Kulturentwicklung darstellten, die einen Zeitraum von etwa viertausend Jahren umfaßt hatte, und daß diese menschheitsgeschichtliche Epoche – zumindest im religiösen Bereich – ebenso stark vom Weiblichen geprägt war wie die ihr folgende vom Männlichen, dringt erst allmählich ins Bewußtsein unserer Kultur ein.[1]

Die vielen Facetten der Medea-Gestalt sind das literarische Echo alter Kulte, die im „klassischen" Griechenland bereits ferne Vergangenheit waren. In den antiken Dichtungen und in den Erzählungen griechischer und römischer Mythographen vermischten sich die Mythen der Vergangenheit mit Sagenelementen und historischen Erinnerungen. Der Mythos war bereits Bestandteil literarischer Tradition geworden und drückte nicht mehr erlebte Wirklichkeit aus.

Die Verworrenheit und Widersprüchlichkeit der schriftlichen Überlieferungen, die gerade bei den Medea-Fragmenten so sehr ins Auge fällt, rührt vor allem daher, daß die Erzähler absichtlich oder unwissentlich symbolische Darstellungen mißdeuteten, die nicht dem Glaubenssystem ihrer eigenen Epoche angehörten, sondern einem früheren religiösen Bezugssystem: der Verehrung der Großen Göttin.[2]

Die Kulte der Großen Göttin, die jahrtausendelang den Vorderen Orient und den gesamten mittelmeerisch-europäischen Raum prägten, entstanden im Zusammenhang mit der Entwicklung des Akkerbaus. Vermutlich waren es die Frauen als Sammlerinnen eßbarer Früchte, Wurzeln und Knollen, die den Ackerbau „erfanden"; er war und blieb lange Zeit ihre Domäne. Die Natur, vor allem die Erde, erschien als segenspendende, nährende Mutter, und die Fähigkeit der Frauen, wie die Erde Leben hervorzubringen, gab dem Weiblichen die Vorrangstellung in der religiösen und der sozialen Ordnung der Gesellschaft. In der religiösen Welt der frühen Akkerbaukulturen gab es noch keine männlichen Götter. Die Große Göttin allein wurde als Ursprung alles Seienden angesehen. Nackt war sie aus dem Chaos hervorgetreten, hatte Meer und Himmel getrennt und durch ihren Tanz den Nordwind, Boreas, in Gestalt einer Schlange geschaffen. Die Schlange wand sich um ihre Glieder und schwängerte sie. In der Gestalt einer Taube legte die Göttin das Weltei, aus dem, als es ausgebrütet war, alles Existierende herausfiel: Sonne, Mond, die Planeten und die Erde mit ihren Pflanzen und Lebewesen.[3]

Der Kessel der Wandlung, das Symbol Medeas, ist,

wie das Weltei, ein Gefäß, das alles Leben enthält, in das altes Leben sterbend absinkt und dem das Leben verjüngt wieder entsteigt. Das Urbild dieses Wundergefäßes ist der Uterus. Das zweite Wahrzeichen Medeas, der Wagen, der von geflügelten Schlangen gezogen wird, ist ein Symbol der Allgöttin, die den gesamten Kosmos repräsentierte. Die Schlange symbolisierte die Fruchtbarkeit von Erde und Wasser, die Flügel das Luftelement, auch das geistige Element, die Kräfte des Himmels. Im Zusammenwirken beider Dimensionen der Göttin war in der Sicht des Mythos das Leben entstanden.

Beide Himmelslichter, Sonne und Mond, waren ursprünglich der Göttin als Symbole zugeordnet. Dem Mond mit seiner Beziehung zum Wasser, zu den Stadien des Pflanzenwachstums und den Zyklen der weiblichen Fruchtbarkeit wurde allerdings Vorrang vor der Sonne gegeben, die, zumindest in mediterranen Ländern, die Vegetation nicht nur zum Wachsen sondern auch zum Absterben bringt. Wie magisch und geheimnisvoll muß der Mond den Menschen in den archaischen Ackerbaukulturen erschienen sein! Das zyklische Keimen und Blühen, Reifen und Fruchttragen, Welken und Absterben der Vegetation spiegelte der Mond auf der kosmischen Ebene wider. Wie eine reife Frucht leuchtet er als Vollmond am Himmel, dann schwindet er allmählich dahin, wird zur schmalen Sichel, und bei Neumond scheint es, als habe die Nacht ihn für immer verschlungen. Doch nach einigen Nächten erscheint die Sichel des zunehmenden Mondes am Himmel, wiedergeboren und verjüngt. Der verschlingende Rachen der Finsternis gehörte ebenso zum symbolischen Bezugssystem der Göttin wie der fruchtbare

Schoß; der Tod erschien nicht als ein endgültiges Erlöschen, ein Ende ohne Hoffnung, sondern als ein Durchgangsstadium, eine Phase der Wandlung, die untrennbar mit dem Zyklus des Lebens verbunden war.

Auch im Kult ging dem erneuerten, verjüngten Leben der Tod voraus. Blut mußte vergossen werden, um die Fruchtbarkeit der Erde magisch zu erneuern, denn im Blut liegt für das magische Denken die „Essenz" der Lebenskraft. Blutopfer, auch Menschenopfer, wurden der Göttin gebracht, um ihr das Geschenk des Lebens symbolisch zurückzugeben.

Als mit der allmählichen Differenzierung der matristischen Gesellschaften auch die Vorstellungen von der Großen Göttin komplexer wurden, nahm ihr Bild, in Analogie zu den Phasen des Mondes, triadische Gestalt an. Sie erschien als frühlingshaftes Mädchen, als sommerlich reife, fruchtbare Frau und als herbst-winterliches altes Weib. Die Mädchengöttin beherrschte in dem als dreigeteilt vorgestellten Kosmos die Luft und den Himmel, die reife Liebesgöttin die Erde und das Meer und die alte Göttin die Unterwelt und das Totenreich. Jeder Aspekt der Triade konnte wiederum in der heiligen Dreiheit erscheinen; es wurde jedoch nie ganz vergessen, daß die Göttin in all ihren Aspekten und Escheinungsformen immer die eine, unveränderliche Große Mutter der Erde und des Himmels blieb.[4]

An der Seite der dreifaltigen Mondgöttin erschienen die ersten männlichen Gottheiten, die aber immer in der Bezogenheit auf sie zu verstehen sind: als ihr Sohn, ihr Geliebter, ihr Heros.[5]

Helios, in dessen Besitz in der Sicht der späteren

Mythographen die geflügelten Schlangen der Mondgöttin übergegangen waren und der als Namensge-
ber der Sippe Medeas (die Heliaden) in den Vordergrund tritt, war ursprünglich der Sonnenheros, den
die Mondgöttin heiratete und den sie einlud, ihren
Wagen zu besteigen. Noch die spätere griechische
Mythologie weist auf diese Zusammenhänge hin,
wenn sie die Mutter des Helios Euryphaessa, „die
Weithin-Strahlende" nennt.

An der Genealogie der Heliaden läßt sich auch
Medeas ursprüngliche Identität mit der Mondgöttin
ablesen. Unsicherheit über den Namen ihrer Mutter,
über die Stellung ihrer weiblichen Verwandten,
konnte erst in patriarchaler Zeit entstehen, als die
Mitglieder der Sippe nach dem Vater und nicht mehr
nach der Mutter benannt wurden, als nicht mehr
verstanden wurde, daß die Mondgöttin sich in ihren
„Töchtern" verjüngte und daß diese „Töchter"
Aspekte ihrer triadischen Erscheinung waren. Alle
Namen, die Medeas Mutter gegeben werden, Idyia,
„die Wissende", Neaira, „die Neue", Asterodeia, „die
auf der Sternenbahn", sind Mondnamen, ehrende
Beinamen, unter denen die Große Göttin angerufen
wurde. Auch im Namen der Schwester Medeas,
Chalkiope, „Antlitz,. das wie Erz leuchtet", ist der
strahlende Vollmond leicht zu erkennen. Der Name
Hekate schließlich, „einhundert", bezieht sich auf
das „große Jahr" des alten Mondkalenders (acht
Jahre unserer Zeitrechnung), das einhundert Mond-
monate umfaßte. Im übertragenen Sinn bedeutet
der Name Hekate „hundertfache Fruchtbarkeit"
oder „hundertfache Ernte". Medea, die Mädchengöttin von Aia, Circe, die orgiastische Nymphe (in der
Odyssee wird sie als eine „Herrin der Tiere" darge-

stellt), und die alte Todes- und Unterweltgöttin Hekate können als eine triadische Gestalt der Mondgöttin angesehen werden.[6]

Als Anthropologen zu Beginn und um die Mitte unseres Jahrhunderts Stammesgesellschaften erforschten, die noch nie Berührung mit der Zivilisation gehabt hatten, stellten sie fest, daß in manchen Kulturen der Zusammenhang zwischen der sexuellen Vereinigung und der Erzeugung von Kindern unbekannt war. Die Schwängerung der Frauen wurde Winden, Flüssen oder dem Einfluß von Geistern zugeschrieben. Die Mythen legen nahe, daß es sich in den frühen matristischen Stammeskulturen ebenso verhielt.

Die Erkenntnis der Verbindung von Beilager und Schwangerschaft veränderte dann die kultische Stellung des Männlichen. Statt wie in früheren Zeiten die Kinder, die Töchter, wurde im Kult nun der Mann zum Symbol der Fruchtbarkeit und im Mythos zum Geliebten und Gemahl der Göttin.

In den Mythen der matristisch geprägten Kulturen wird die Beziehung der dreifaltigen Mondgöttin zu ihrem Sohn-Geliebten in vielen Varianten dargestellt, die aber stets dieselbe Grundstruktur aufweisen: Die Göttin liebt einen schönen Jüngling und nimmt ihn zum Gemahl. Sie überschüttet ihn mit reichen Gaben, verleiht ihm Glanz, Macht und strahlende Kraft. Oft weiht sie ihn in die Geheimnisse des Ackerbaus oder des Weinbaus ein und sendet ihn aus, diese Künste auf der Erde zu verbreiten, wo er zu einem geehrten Gott-Heros wird. Durch ein Ungeheuer, ein reißendes Tier (in dem der Todesaspekt der Göttin dargestellt ist) findet der Heros in den Mythen den Tod. Sein Leib wird zerstückelt und zerrissen. Dort, wo sein Blut auf die Erde tropft, blühen Blumen auf, entfaltet sich neue, üppige Vegetation. Die Göttin klagt, weint und trauert um ihren toten Geliebten: sie sucht ihn auf der ganzen Erde und in der Unterwelt, sammelt die Teile seines zerstückelten Leibes, fügt sie wieder zusammen und ruft den Geliebten in neuer, verjüngter Gestalt ins Leben zurück. Damit beginnt der Zyklus des Werdens und Vergehens von neuem.

In diesen Mythen spiegelt sich das zentrale kultische Geschehen der frühen matristischen Ackerbaukulturen. Die irdische Stellvertreterin der Göttin war die Priesterin oder Königin eines Clans, die gemeinsam mit dem von ihr erwählten Gatten der Gemeinschaft vorstand. Wie in den Mythen der Sohn-Geliebte der Göttin wurde im Ritual der „heilige König", der erwählte Gefährte der Königin-Priesterin, für die Fruchtbarkeit der Felder und der Herden geopfert. Die Beziehung des Paares war sakraler Natur; ihre Stadien stellten das Mysterium von Wachstum, Tod und Wiedergeburt dar. Der Erwählte heiratete nicht eine sterbliche Frau, sondern wurde symbolisch mit der Göttin vermählt; die „heilige Hochzeit" hatte also den Charakter einer religiösen Einweihung. Zur Zeit der Aussaat vollzog das Paar feierlich das rituelle Beilager an einem der Göttin geweihten Ort in der Natur, in einem Tempel oder in einer heiligen Grotte. Die heilige Höhle der Medea auf der Insel Drepane, von der Apollonios Rhodios erzählt, kann ursprünglich ein solcher Kultort gewesen sein, wo bei Fackelschein die feierliche Zeremonie stattfand. Sexualität war heilig, war Bestandteil des Kults. Das mythische Denken sieht alle Dinge, alles Geschehen in der Bezogenheit auf eine größere Ganzheit: Die Liebesumarmung des heiligen Paares entsprach der kosmischen Vereinigung, der Umarmung von Himmel und Erde im Frühling, die das neue Leben hervorbringt.

Zur Zeit der Ernte oder zum Ende des Mondjahres (die Zeit wurde nach Mondzyklen berechnet, und ein Jahr hatte dreizehn Monde) wurde der heilige König geopfert. Er war das Samenkorn, das sterbend in die Erde zurücksank. Priesterinnen der Göttin, die Tiermasken trugen, töteten ihn. Sein Blut wurde versprengt, um Bäume, Getreide und Vieh zu befruchten. Seine sterblichen Überreste wurden begraben oder auf einem Scheiterhaufen verbrannt. Die Königin und mit ihr die gesamte Gemeinschaft betrauerte und beweinte den heiligen König, bis er – in seinem Nachfolger – wieder auferstand.

An manchen Orten tötete der heilige König selbst seinen Vorgänger und wurde mit ihm identisch, indem er einen edlen Teil seines Leibes (Herz, Schulter, Schenkel) verzehrte.

Man könnte nun einwenden, daß diese grausame rituelle Praxis die friedliche und lebensbejahende Einstellung, die den frühen matristischen Kulturen zugeschrieben wird, doch zumindest fragwürdig erscheinen läßt. Es darf jedoch nicht übersehen werden, daß diese faktisch grausame Handlung nicht durch Haß, Destruktivität oder Grausamkeit, sondern religiös motiviert war und daß die Frauen und Männer, die an dem Ritual beteiligt waren, aus Hingabe an das religiöse System handelten, das ihre gesamte Existenz durchdrang.[7] Wir würden auch die Kopfjäger, die es bis zum Beginn unseres Jahrhunderts auf Neuguinea und auf den Fidschi-Inseln gab, nicht als „brutale Killer" betrachten, sondern allenfalls als „Primitive", zu deren ritueller Praxis es gehörte, sich die Lebenskraft getöteter Feinde magisch anzueignen.

So schwer das aus heutiger Sicht vorstellbar ist, es scheint doch, als sei das Opfer des heiligen Königs ein freiwilliges gewesen, als habe er sich um die Ehre, für die Fruchtbarkeit seines Landes zu sterben, bemüht, denn der erwählte Gemahl der Königin war der Sieger ritueller Wettkämpfe, der „Heiratsproben", die den Charakter einer Initiation hatten. In den Mythen wurden diese Heiratsproben als unlösbar erscheinende Aufgaben dargestellt oder als Kämpfe mit Ungeheuern und Drachen – Heldentaten, die auch Jason vollbringen mußte, bevor er das Ehebündnis mit der Mädchengöttin Medea einging.

Nach seiner Opferung wurde der heilige König „unsterblich", das heißt, er genoß kultische Verehrung als Sonnengott. Die grausigen Morde, die Medea von den späteren Mythographen angelastet werden, insbesondere die Tötung und Zerstückelung ihres Bruders Phaëton-Apsyrtos, waren ursprünglich Bilder dieser mythisch-rituellen Konstellation. Phaëton, „der Stahlende", ist ein ehrender Beiname des Sonnengottes; Medea, „die mit dem guten Rat", ein Ehrentitel der Mondgöttin. Als zerstückelter und geopferter Brudergeliebter trägt der Heros den Namen Apsyrtos, „der Weggeschwemmte", und ursprünglich ist es die Göttin selbst, die mit ihrer Macht, Leben zu erneuern und zu verjüngen, seine Teile wieder zusammensetzt und ihn zu neuem Leben erweckt.

Mit den Entwicklungsstadien, die die matristischen Gesellschaften durchliefen, ging auch eine allmähliche Modifizierung der Kulte einher. Die kan-

nibalistischen Riten wurden abgeschafft. Die heiligen Könige regierten länger, zunächst für den Zeitraum eines „großen Jahres" von hundert Mondmo-
naten (acht Jahre). Am Ende ihrer Regierungszeit
mußten sie aber dennoch sterben. Das jährliche
Opfer für die Fruchtbarkeit des Landes wurde stellvertretend an einem Knaben vollzogen. Der König
verbarg sich in einer Gruft und wurde nach der
Opferzeremonie von der Stellvertreterin der Göttin
„wieder zum Leben erweckt".[8]

Auf der nächsten Stufe traten Tieropfer an die
Stelle der Menschenopfer, und schließlich wurde der
gesamte Ritus, ohne Blutvergießen, in Gestalt kulti-
scher Dramen und Spiele vollzogen. Der König re-
gierte bis zum Ende seiner Lebenszeit, blieb als
Regent jedoch immer der Stellvertreter der Königin,
die das Land, das ihr „gehörte" und dessen Symbol
sie war, ihren Töchtern vererbte. Ein heiliger König,
der sich von seiner Frau zu scheiden wünschte,
mußte die Regentschaft aufgeben und das Land verlassen.

Die Große Göttin der prähellenischen Kulturen
Kleinasiens und des Mittelmeerraums ging unter
vielen Namen in die griechische Mythologie ein.
Auch die Namen der Göttinnen, die später zu Mit-
gliedern der „Familie" der Olympier wurden, Demeter, Hera, Aphrodite, Athene und Artemis bezeich-
neten ursprünglich alle die dreifaltige Mondgöttin.
Die große Vielfalt der Benennungen rührt daher, daß
die Göttin an verschiedenen Orten unter verschiedenen Namen verehrt wurde. Außerdem trug sie
überall ehrende Beinamen, die sich auf ihre unterschiedlichen Attribute, Aspekte und Funktionen bezogen und die ein Kennzeichen ihrer Universalität

und ihrer Göttlichkeit waren. Die Aufzählung aller ihrer Namen stellte ein uralte Form der Anbetung und Verehrung dar.[9] Es ist denkbar, daß die Große Göttin vielerorts den Beinamen Medea, „die mit dem guten Rat", trug.

Erst in der patriarchalen Überformung ging der universale Charakter der Göttin verloren, und die „olympischen" Göttinnen stellten nur noch Einzelaspekte dar, die sie ursprünglich alle in sich vereinte. Wenn Jason einmal unter dem Schutz der Athene, dann unter dem Schutz der Hera steht, wenn ihn einmal Athene, einmal Medea vom Tode wiedererweckt, stellt das keinen Widerspruch dar. Der Heros, „der Heilung bringt", indem er nämlich durch sein Opfer dem Land die Fruchtbarkeit zurückgibt, war ursprünglich der Sohn, der Geliebte und der Gemahl der Mondgöttin.

Der Tod und die Heilkunst

Aus heutiger Sicht ist es besonders schwer zu verstehen, daß die Große Göttin nicht nur in ihren positiven Aspekten, als liebende, schützende, nahrungspendende Mutter, sondern auch als Todesrachen, als Zerstörerin allen Lebens, als unterweltliche Macht verehrt wurde. Demeter und Hekate trugen den Beinamen Brimo, „die Zornige"; die schöne Aphrodite, Sinnbild der Fruchtbarkeit, der Erotik und des Liebesglücks, hieß auch Melainis, „die Schwarze", Scotia, „die Dunkle", oder Epitymbria, „die aus den Gräbern".[1] Einem abstrakt-dualistischen Denken wie dem unseren, das Licht und Finsternis, gut und böse, Glück und Leid, Leben und

Tod als einander ausschließende Gegensätze sieht, muß das absurd erscheinen. Aber für das mythische Denken ist die Welt nicht in Gegensätzen, sondern in einander bedingenden Polaritäten geordnet: Das Dunkel ist die Vorbedingung des Lichts, Glück ist ohne Leid, Leben ohne Tod nicht vorstellbar.

Der alten Göttin der Unterwelt war als Symbol der Neumond oder Schwarzmond zugeordnet, die Finsternis, aus der das neue Licht geboren wird. In ihrem Kult spielte die Fackel, die im Dunkel der Nacht aufleuchtet, eine wesentliche Rolle. Als „mysteriöse Gottheit ewigen Untergangs und ewiger Wiederkehr"[2] war sie zugleich die, in der alle Gegensätze aufgehoben waren. Sie enthielt in sich die Triade, sie war die „Mutter" der Frühlingsgöttin und der Nymphe der Fruchtbarkeit, die dennoch mit ihr identisch waren. Als Göttin, die alle Polaritäten in sich vereinte, repräsentierte sie die ewige Weisheit. Alles Wissen, das für das mythische Denken immer in Beziehung zum Sakralen steht – die Mantik, das Orakel, die Sehergabe, die geheimen Offenbarungen der Kulte und Riten und die Heilkunst – standen daher auch mit ihrer Erscheinung als Dunkel, Nacht und Unterwelt in Verbindung. Daher trägt auch die weise und heilkundige Medea, die „Tochter" Hekates, die Züge der dunklen Göttin.

Die Schlange war das zentrale Symbol dieses Bezirks der Göttin, einmal, weil sie zum „Bauch der Erde", zum Dunkel, zur Tiefe und zu den Urwassern gehörte, zum anderen, weil sie sich häutet und sich so – in der Sicht des magischen Denkens – immer wieder selbst erneuert, und schließlich, weil sie über das tötende und heilende Gift verfügt. Daher ist das Schlangenemblem auch überall dort zu finden, wo es um Wissen, Weisheit und Heilkunst geht. Die Seherin wurde noch im hellenischen Griechenland „Pythia" genannt; die Göttin mit der Schlange ist immer auch die Heilgöttin. Auch die Erdgöttin Demeter fuhr, wie Medea, in einem Schlangenwagen; von Schlangen umwunden und mit Schlangen in den Händen wurden neben Hekate auch Hera, Athene und Aphrodite dargestellt. Die Medizinheroen Asklepios (den die Römer Äskulap nannten) und Erichthonios wurden in Schlangengestalt abgebildet.

Die Kenntnis der pflanzlichen Heilmittel, der pflanzlichen (und tierischen) Gifte und ihrer Wirkung, die sie je nach Dosierung entfalten, war offenbar in den matristischen Kulturen bereits hoch entwickelt, wie die Zuordnung der Herbstzeitlose (Colchicum), des Eisenhuts, der Silberweide und des Wacholders zu der Triade Hekate-Circe-Medea deutlich zeigt. Diese Pflanzen enthalten entzündungshemmende, schmerzlindernde und fiebersenkende Substanzen (Colchicin, Aconitin, Salicylsäure, ätherische Öle), die noch heute in der Medizin verwendet werden.

Hera „gehörten" in den symbolischen Bezugssystemen die Heilmittel, die in der Frauenheilkunde und bei der Geburtshilfe verwendet wurden; sie war die „Schützerin der Frauen", ihr unterstand das weibliche Geschlechtsleben und als Hera-Eileithyia, als Geburtsgöttin, verfügte sie über die Macht, zu öffnen und zu schließen – eine Macht, die sie bei der Geburt des Herakles zeigte. Dieselbe Macht wurde auch Hekate zugeschrieben. Von ihr hieß es außerdem, daß sie Alpträume, Wahnsinn und Epilepsie sandte – und sie auch heilte. An den Hekatesia, den

Mysterienkulten der Hekate, die bis in hellenische Zeit bestanden, nahmen Menschen teil, um von Krankheiten geheilt zu werden.[3] Auch Medea, die mit beiden Göttinnen identifiziert wurde – in den späteren Mythen war Hekate ihre Mutter, Hera ihre Schutzgöttin –, konnte vom Wahnsinn heilen und darf mit ihren vierzehn Kindern ebenfalls als eine Geburtsgöttin gelten. Die vierzehn Kinder stehen symbolisch für die Fruchtbarkeit der Göttin und ihrer Töchter, der irdischen Frauen. Sie repräsentierten die aufsteigende Kraft des Mondes, die erste, fruchtbare Hälfte des Mondmonats und des weiblichen Zyklus.

Es ist sicher kein Zufall, daß ein Heros, „der Heilung bringt", der Göttin als Heilerin zugeordnet wurde: Medea, Hera oder auch Athene, die ursprünglich ebenfalls eine Schlangengöttin war. Zu Athene, die Jason auf einem Vasenbild (der sogenannten Durisvase) wieder zum Leben erweckt, gehört die Eule als Symbol der Weisheit. Um ihren Leib gegürtet trägt sie die Aigis, einen Ziegenfellbeutel, der eine Schlange enthält. Auf der Vorderseite der Aigis ist das Haupt der Gorgo Medusa angebracht, schlangenhaarig, mit glühenden Augen, gebleckten Zähnen und herausgestreckter Zunge. (Die drei Gorgonen Stheino, „die Starke", Euryale, „weites Umherschweifen", und Medusa, „die Hinterhältige", stellten eine Triade des dunklen Aspekts der Göttin als Herrin des Todes dar.)[4]

In einer Mythe heißt es, daß Athene die Medizin-Heroen Asklepios und Erichthonios in die Geheimnisse der Heilkunst einweihte, indem sie ihnen das Blut der getöteten Gorgo Medusa gab. Das Blut, das der rechten Seite der Medusa entnommen war, tötete; das Blut ihrer linken Seite erweckte Tote wieder zum Leben. Der tiefe Sinn dieser Mythe ist, daß ein Mensch, der andere heilen will, zuerst selbst durch die Mysterien von Leben und Tod, durch eine Todeserfahrung hindurchgegangen sein muß. Diese alte Weisheit war den schamanischen Heilern der sibirischen und arktischen Völker noch vertraut. Durch ihre eigene Initiationserfahrung, die oft mit schweren Krankheiten, Entbehrungen, Einsamkeit und Todesnähe verbunden war, wußten sie um die „Wege der Seele"; sie kannten die Krankheit von innen heraus, als Wandlungsprozeß, der nicht nur den Körper, sondern die geistig-seelisch-körperliche Ganzheit des Menschen ergreift.[5]

In den prähellenischen Kulturen war die Heilkunst von der Gesamtheit des sakralen Wissens nicht getrennt, das auch die Traumdeutung, die Wahrsagung, die Magie und das Orakel umfaßte. Oft war die Heilkunst Bestandteil geheimgehaltener Riten und Kulte, an denen kein Uneingeweihter teilnehmen durfte und die von den Priesterinnen der Göttin bewahrt und weitergegeben wurden. Die abschreckende Maske der Gorgo Medusa wurde überall dort angebracht, wo Uneingeweihte nicht eintreten durften und wo die Verletzung des Tabus den Tod bedeutet hätte. Vielleicht trugen auch die Priesterinnen Gorgonenmasken, um Nichteingeweihte zu vertreiben. Die Mythen erzählen, daß jeder, der das Antlitz der Gorgo Medusa erblickte, zu Stein erstarrte. Zum Teil mag diese Geschichte auf die alten, mit dem Tabu belegten Medizinkulte zurückzuführen sein.[6]

Ist es nicht vorstellbar, daß Jason, der Heiler, der leblos aus dem Maul der Schlange heraushing, von einer Stellvertreterin der Göttin Athene „mit dem guten Rat" in die Geheimkulte eingeweiht worden war? Das Bild des Schlangenungeheuers, das den Helden verschlingt, war im östlichen Mittelmeerraum ganz geläufig und blieb noch in späterer Zeit in der orphischen Kunst erhalten. Dort allerdings stellte es einen symbolischen Tod dar, einen Initiationsritus: Der Initiand wurde vom „Bauch der Erde" verschlungen, im Dunkel gewandelt, erlebte und erfuhr Dinge, die sein Leben veränderten, und als ein Eingeweihter, der zu einer höheren Bewußtseinsstufe geläutert ist, wurde er wiedergeboren.[7] Die an einem Initiationsritus Beteiligten verlieren zeitweilig ihr alltägliches Ich. Sie werden zu Instrumenten der höheren – oder tieferen – Kräfte, die in sie einfließen sollen. Vielleicht wurde jeder Mann, der in die Mysterien des Heilwissens eingeweiht wurde, zu einem „Jason", einem mythischen Medizinheroen, seine Initiationsmeisterin zu einer „Medea", einer göttlichen Ratgeberin.

Die Idee, daß die Frau, oder sagen wir besser: das Weibliche, für den Mann Vorbild- und Leitbildfunktion haben und ihn zu einer tieferen Erkenntnis der Lebenszusammenhänge führen könnte, war im Patriarchat nicht mehr annehmbar und ist auch heute für viele Menschen unvorstellbar. Viele Frauen haben ihre Erziehung zur Zweitrangigkeit so tief verinnerlicht, daß sie – bewußt oder unbewußt – alles Männliche als höher und wertvoller einschätzen, und viele Männer sind trotz der Veränderung der Rollenbilder und der gesellschaftlichen Funktionen der Geschlechter bis heute unfähig, Frauen als ebenbürtige Wesen zu begreifen.

Bekanntlich blieben bestimmte Bereiche des Heilens, das „geistige" Heilen durch Handauflegen und Besprechen, die Kenntnis der Medizinpflanzen, die Frauenheilkunde und die Geburtshilfe, bis ins Mittelalter hinein eine Domäne der Frauen, insbesondere alter und erfahrener Frauen. Wir kennen die Mittel, mit denen dieses alte Wissen unterdrückt wurde: Seine Inhalte wurden negativ verzerrt, seine Trägerinnen dämonisiert. Die „weisen Frauen", die Kräuterweiblein und Hebammen des Mittelalters wurden in Scharen als Hexen verbrannt[8] Medea, die Giftmischerin, die Hexe mit dem Zauberkessel, die Pelias' Töchter beschwatzte, ihren Vater zu zerstükkeln und zu kochen, Medea, die Kindesmörderin (auch den mittelalterlichen Hexen wurde nachgesagt, daß sie Säuglinge töteten und kochten) ist die Vorläuferin und Ahnin dieser Opfer einer kollektiven Paranoia, die sich aus der männlichen Angst vor der „dunklen Macht" der Frauen speiste.

Die Aufklärung machte den Greueln des Hexenwahns ein Ende – aber das alte Wissen, die heilerischen Fähigkeiten der Frauen und ihre ganzheitlichen Medizinkenntnisse wurden nicht rehabilitiert. Die Heilkunst ging auf die Gilden der Bader und Wundärzte über und wurde dann, auf den Universitäten, zur männlichen Elitemedizin. Dieser Prozeß kulminierte darin, daß die Gynäkologie zu einer Männerdomäne wurde, woran sich bis heute nicht viel geändert hat.

Heilen bedeutet nicht nur nützlich sein und helfen; Heilen-Können ist mit Ansehen, Würde und erheblicher Macht über Menschen verbunden. Die „mythische" Medea strahlte diese Macht und Würde in feierlicher Weise aus. Sie war ein Sinnbild der Überwindung des Todes, der Lebensfülle und des

Segens. Die Medea der Sage, die ihr angestammtes Reich, das Jenseitsland Aia, aus Liebe zu Jason verließ, verfügte zwar noch über Macht, aber sie war zu einem Sinnbild des Todes geworden.

Auch historisch scheint sich die Einstellung zu Leben und Tod mit dem Übergang von den matriarchalen Kulturen zum Patriarchat gewandelt zu haben.

Medea als Symbol der Übergangszeit

Eine menschheitsgeschichtliche Umwälzung, die Entdeckung des Ackerbaus, stand am Beginn der Entwicklung der matriarchalen Kulturen. Eine weitere revolutionäre Veränderung der Produktions- und Wirtschaftsformen, die für die Kulturentwicklung prägend wurde und die sich im vierten und dritten Jahrtausend v. Chr. vollzog, führte zu ihrer Umstrukturierung und zu ihrem allmählichen Erlöschen. In die Zeit zwischen dem dritten und vierten Jahrtausend fallen die Entdeckungen, die zur Erfindung der ersten „Technologien" führten, des von Ochsen gezogenen Pfluges, des Segelboots, des Rinderkarrens, des Gewinnens von Metallen durch den Schmelzprozeß und der systematischen Bewässerung. Erst durch diese frühen Technologien wurde die Produktion eines nennenswerten Nahrungsüberschusses möglich, der für die Herausbildung einer differenzierten, arbeitsteiligen Gesellschaft, für die Entwicklung des Handwerks und des Handels die Voraussetzung war. In den größeren Gemeinschaften, den Städten und Stadtstaaten, die in der Folgezeit entstanden, ergab sich auch erstmalig die Not-

wendigkeit, die nunmehr komplexeren Produktions-
abläufe zentral zu planen, zu lenken und zu organi-
sieren. Das führte zur Herausbildung gesellschaftlicher Klassen und Hierarchien – und zu einer weiteren fundamentalen Veränderung in der Menschheitsgeschichte: „Man entdeckte, daß der Mensch
als ökonomisches Werkzeug zu benutzen war, daß
man ihn ausbeuten und zum Sklaven machen
konnte."[1]

Erst an diesem Punkt der Kulturentwicklung, als
die Produktion von Gütern zu Überschuß und
Reichtum führte, wurden Eroberungskriege zu einer
politisch „nützlichen" Einrichtung. Die altmediterranen Gesellschaften sahen sich erstmals mit dem
Problem konfrontiert, sich nach außen verteidigen
zu müssen, und begannen, eine Kriegerkaste her-
auszubilden. Neben den Priesterinnenkollegien, die
in den späteren matriarchalen Kulturen vermutlich
an der Spitze der gesellschaftlichen Hierarchie standen und die religiöse Autorität verkörperten, begann sich allmählich eine männliche militärische
Aristokratie zu formen.

Mit diesen sozialen und politischen Veränderungen ging eine grundlegende Wandlung der kultischen
und der sozialen Stellung der Frau in der Gesellschaft einher: „Nicht länger war die Fruchtbarkeit
des Bodens die Quelle allen Lebens und allen Schöp-
fertums, sondern es war jetzt der Verstand, der die
neuen Erfindungen, die Technik, das abstrakte Denken und den Staat mit seinen Gesetzen schuf. Nicht
mehr der mütterliche Schoß, sondern der Geist
wurde zur schöpferischen Macht, und damit be-
herrschten nicht mehr die Frauen, sondern die
Männer die Gesellschaft."[2]

Allerdings vollzog sich diese Veränderung nicht, wie man aus den oben zitierten Worten von Erich Fromm schließen könnte, mit einem Schlag oder in kurzer Zeit, sondern in einem langwierigen, schwierigen Übergangsprozeß mit vielen Stufen, der sich über mindestens ein Jahrtausend erstreckte und in dem sich die Überreste der matriarchalen Gesellschaften hartnäckig hielten. Auch die Macht des Geistes wurde nicht gleich mit dem Männlichen identifiziert. Der Mythos schrieb die Erfindung des Pfluges, des Schiffes und aller mechanischen Künste der Göttin Athene zu.[3]

Wie die Macht des Geistes auf die männlichen Götter überging, schildert eine spätere Mythe: Zeus verschlang die Göttin der Weisheit, Metis, die mit Athene schwanger war. Kurz darauf wurde der Göttervater von einem tobenden Kopfschmerz gequält. Hermes, der sofort den Grund dafür erkannte, überredete den Schmiedegott Hephaistos, mit Hammer und Keil einen Spalt in den Schädel des Zeus zu schlagen. Diesem gewaltsam geschaffenen oberen Geburtskanal entsprang die vollbewaffnete Göttin Athene mit einem mächtigen Schrei.[4]

Diese Mythe ist ein frühes Beispiel der theologischen Akrobatik, die notwendig war, um dem weiblichen Teil der Gottheit die Weisheit und dem weiblichen Teil der Menschheit die Intelligenz abzuerkennen, und sie zeigt, wieviel Kopfschmerzen es den Anhängern der Vatergötter bereitet haben muß, die Große Göttin und die Frauen in die Position der Zweitrangigkeit zu verweisen.

Es erscheint plausibel, daß die „städtische Revolution" des dritten und vierten Jahrtausends mit einer entscheidenden Bewußtseinsveränderung einherging: mit einer Emanzipation aus dem ständigen Kreisen in den Zyklen des Mütterlichen und den Rhythmen der Natur, mit einer kollektiven Autonomiephase, wenn man so sagen darf, in der sich das individuelle Ich aus der „Gruppenpsyche" löste. Aber warum soll dieser Prozeß nur für das Männliche gegolten haben? Stärker als die Macht des „männlichen" Geistes war wohl ein anderer Faktor für den historischen Übergang vom Matriarchat zum Patriarchat ausschlaggebend: Die Frauen der alten matristischen Kulturen waren autonom. Sie verfügten über ihre eigene kollektive Arbeitsorganisation; die weibliche Sippe blieb ein Leben lang beisammen, und die Männer heirateten in den Clan ihrer Frauen ein. Durch die dauernde Beschäftigung mit der Kriegführung wuchs den Männern eine neue Möglichkeit zu, ihre eigenen, unabhängigen Kooperationseinheiten zu bilden – mit einer neuen, von den Frauen unabhängigen Identität.[5]

Heute ist es unmöglich, genaue Aussagen darüber zu machen, ob die matriarchalen Kulturen „degenerierten" und die Kräfte, die zu ihrer Ablösung führten, selbst hervorbrachten, ob sie von anderen, patristisch organisierten Völkern unterworfen wurden, oder ob beide Faktoren bei ihrer historischen Ablösung zusammenwirkten.

Nach der Ansicht von Ranke-Graves wurden in Griechenland die patriarchalen Machtstrukturen von außen in die matriarchalen Kulturen hineingetragen. Patristische Hirtenvölker fielen vom zweiten Jahrtausend v. Chr. an in mehreren Invasionswellen in die Balkanhalbinsel ein und schwächten die matriarchale Tradition. Zum Teil übernahmen die fremden Eroberer die überlegene Kultur der „einge-

borenen" altmediterranen Bevölkerung und verschmolzen mit ihr. Ihre Götter wurden zu „Brüdern" der Göttin. Erst um 1200 v. Chr., nach der
letzten großen Invasionswelle (der „dorischen Wan-
derung") wurde in Griechenland das patriarchale
Königtum zur Regel.[6]

Wir sind von der Lebenswirklichkeit der matriarchalen Gesellschaften des neolithischen und bron-
zezeitlichen Europa durch Jahrtausende getrennt,
und ein gewisses Maß an Unsicherheit über ihre
historischen Entwicklungsprozesse und ihre tatsächliche Gestalt wird immer bleiben. Der Übergang
vom Matriarchat zum Patriarchat und die Macht-
kämpfe zwischen der alten und der neuen Ordnung
spiegeln sich in den Mythen; an ihnen läßt sich
nicht ablesen, wie es war, aber wie es gewesen sein
könnte. Gerade an der Gestalt der Medea sind die
Stufen und Stadien des Übergangsprozesses besonders deutlich ablesbar.

Die Heroen, die mit Medea in Verbindung gebracht werden, tragen alle die Züge heiliger Könige,
der Inkarnationen des Sonnengottes, die in der Sage
als sonnenhafte Helden erscheinen. Auch Sisyphos,
dem Medea Korinth „schenkte", war ursprünglich
ein solcher Sonnenheros. Der Stein, den er den Berg
hinaufrollen mußte, stellte einmal die Sonnenschei-
be dar, der Berg selbst war ein Symbol des Himmels-
gewölbes.[7]

Die „matriarchalen Heroen", die unter dem
Schutz der Göttin standen und ihr zu Ehren ihre
Heldentaten vollbrachten, trugen eher Titel als Na-
men, Jason, „der Heilung bringt", und Herakles,
„Ruhm der Hera". Erst die späteren Mythographen
machten Hera zu einer erbitterten Feindin des He-

rakles. Von Hera ist die männliche Form „Heros"
abgeleitet; ursprünglich war der Heros ein heiliger
König, der der Hera geopfert worden war.[8]

Die beiden Helden Jason und Herakles sind einander ähnlich, und die Mythen, die um ihre Gestalten
kreisen, sind über Strecken miteinander identisch.
Beide wurden von dem weisen und heilkundigen
Kentauren Cheiron erzogen und galten selbst als
„Medizin-Heroen". Sie wurden ähnlich dargestellt,
als kraftvolle Gestalten mit flammendem Haar, Herakles mit dem Löwenfell, Jason mit dem Pantherfell
über den Schultern. Beide mußten ähnliche heroi-
sche Taten vollbringen, Mutproben, die dem Anwär-
ter auf die Heirat mit einer sakralen Königin abver-
langt wurden. Jason mußte die Schlange von Aia,
Herakles die lernaische Hydra überwinden. Die
symbolische Bedeutung des Kampfes mit der
Schlange oder dem Drachen ist einerseits eine Darstellung des Helden in seiner Funktion als Garant
der Fruchtbarkeit. Das Gold der Schlange, das der
Heros an sich nehmen muß, ist der „Schatz der
Erde", ihr Reichtum an Lebenskraft. Andererseits
stellt der Drachenkampf eine Initiation dar: Durch
die Überwindung des Drachen gewinnt der Held ein
neues, höheres Leben. Er kann den Kräften des
Weiblichen in sich selbst und in der Realität erwach-
sen und bewußt gegenübertreten. Diese Heroenaufgabe ist allerorts von den Mythen in die Märchen
übergegangen.

Wenn man „Jason" nicht als Eigennamen sondern
als Titel auffaßt, wird verständlicher, warum sowohl
in Iolkos als auch in Kolchis einem Jason Heiratsauf-
gaben gestellt wurden (diese Mythen standen ursprünglich nicht miteinander in Verbindung), und

auch, warum er in beiden Fällen nicht zum Herrscher des Landes erklärt wurde. Auf der frühen Stufe, die der Mythos hier widerspiegelt, gab es keine männliche Herrschaft. Die Königin-Priesterin stand als höchste Autorität der Gemeinschaft vor. Ihr Gemahl, der heilige König, erfüllte wichtige rituelle und zeremoniale Aufgaben. Er konnte als ihr Stellvertreter agieren, wenn sie ihn dazu ermächtigte, aber er war ihr „erster Untertan" und kein Herrscher oder König im patriarchalen Sinn.

Andere Züge, die Jason und Herakles in der Sage tragen, weisen sie als typische Gestalten der Übergangszeit aus: Aus heiligen Königen, Heroen, die unter dem Schutz Heras, Athenes oder Medeas standen, wurden sie allmählich zu Kriegern des Vatergottes Zeus, die sich dem Diktat der Göttin widersetzten.

Die Sage zeigt Medea in Korinth als Stellvertreterin der Göttin, als Erbprinzessin und Königin, die gleichzeitig als höchste Priesterin dem Tempel der Hera vorsteht. Auch hier war „Medea" vermutlich einmal ein Name der Großen Göttin; darauf verweist das Motiv von den „Kindern im Feuer", das wir auch in den Mythen um die Erdgöttin Demeter und die Meergöttin Thetis finden. Die Geschichten von den Kindern, die in ein Feuer gehalten werden, damit ihre Sterblichkeit hinwegbrennt, können unterschiedliche Bedeutungen haben. Vielleicht sind sie eine ferne Erinnerung an frühe, primitive Stammeskulte des Neolithikums, bei denen der Muttergöttin Kinder geopfert wurden. Oder sie beziehen sich auf die uralte Sitte, Neugeborene zu weihen und sie gegen böse Einflüsse zu schützen, indem man sie um ein Feuer trug oder ein glühendes Eisen unter sie hielt.[9] Sie können aber auch auf die modifizierten Opferbräuche der matriarchalen Kulturen verweisen, auf die Knaben, die sieben Jahre lang stellvertretend für den heiligen König geopfert und auf dem Scheiterhaufen verbrannt wurden. Im achten Jahr mußte der heilige König selbst sterben. Die Kinder hatten durch ihren Opfertod Anspruch auf „Unsterblichkeit", das heißt auf Berücksichtigung im Kult. Vermutlich galten sie als Kinder der Göttin, Kinder Medeas, die mit jährlichen Trauerriten im Tempel geehrt wurden. Über Herakles, der ursprünglich auch ein heiliger König war, wurde berichtet, daß er im Wahnsinn seine Kinder mit Pfeilschüssen getötet und sie in ein Feuer geworfen habe. Auch in Theben wurden die Kinder des Herakles mit jährlichen Trauerfeiern geehrt, und man brachte ihren zürnenden Geistern Opfer dar, um sie zu versöhnen.[10]

In den Mythen, die davon erzählen, wie Demeter, Thetis und Medea Kinder ins Feuer hielten, um sie zur Unsterblichkeit zu läutern, zeigt sich aber auch schon eine Opposition gegen den religiösen Konservatismus, die zur Abschaffung der Menschenopfer führte. Einmal ist es Metaneira, einmal Peleus und schließlich Jason, die erschreckt und zornig den Ritus unterbrechen.

Der Schuldkomplex, der mit dem Tod der Kinder Medeas verbunden ist, liegt in den Überlieferungen deutlich zutage. Wer war für die Kindermorde verantwortlich? Medea, die Göttin, der die Kulte galten, oder ihre Priesterinnen, die die Riten vollzogen? Jason, der heilige König, der durch die Opferung der Kinder sieben oder vierzehn Jahre lang selbst dem Tod entgangen war? Die Korinther, das Kollektiv, das dem Kult anhing und die Opferung der Kinder gewollt und gebilligt hatte? Die Schuldfrage ist nicht – oder nur mit: alle! – zu beantworten, denn sie konnte erst auftauchen, nachdem die Menschenopfer abgeschafft und als unmenschlich erkannt worden waren, nachdem sich das religiöse System – und das Bewußtsein – innerhalb der matriarchalen Kulturen verändert hatte. Bei Euripides heißt es, daß Medea „ein heiliges Fest und Weihen" begründete, um den „gottlosen Mord" an den Kindern zu sühnen. Wie eine frühere Überlieferung erzählt, wurden in Korinth alljährlich vierzehn Kinder, sieben Knaben und sieben Mädchen, mit geschorenen Häuptern und in schwarzen Gewändern in das Heiligtum der Hera geführt, wo sie das ganze Jahr im Dienst der Göttin verbrachten. Die Menschen weinten und trauerten um sie wie um Tote und brachten ihnen Opfer dar. Heute würde man das Vergangenheitsbewältigung oder kollektive Trauerarbeit nennen – keine Selbstverständlichkeit für eine Gesellschaft, in der unmenschliche Verbrechen begangen wurden, wie wir aus der jüngsten deutschen Vergangenheit wissen.

Aber das ist eine Assoziation aus der Perspektive der Gegenwart und keine religionsgeschichtliche Deutung. Es liegt viel näher, zu vermuten, daß der Kult der „Kinder Medeas" überhaupt einer späteren, kultivierteren Stufe der matriarchalen Religionen angehörte und daß der Aufenthalt der korinthischen Kinder im Tempel der Hera den Charakter eines Übergangsritus, einer Pubertätsinitiation hatte. Aus den Studien moderner Anthropologen wissen wir, daß Kinder, die zur Zeit der Pubertät an Initiationsriten teilnehmen, von der übrigen Gemeinschaft isoliert werden. Man bringt sie in die Wildnis oder in ein besonderes Kulthaus, wo man sie in die religiöse Welt der Gemeinschaft einweiht, sie auf das Geschlechtsleben und auf ihre Aufgaben als Erwachsene vorbereitet. Für die Gesellschaft gelten sie als „tot", denn sie werden nach ihrer Einweihung neue Namen tragen, sie werden nicht als die Kinder zurückkehren, die sie waren, sondern als kulturell, sexuell und religiös „Erwachte".

Die späteren Mythographen hatten die Tendenz, jede Erinnerung an die „barbarische" Vergangenheit – und damit ist nicht nur die Zeit der Menschenopfer gemeint, sondern das gesamte System der Göttinnenreligion, auch in seiner späten, differenzierten und hochkultivierten Form – zu unterdrücken und die darauf bezogenen Mythen umzudeuten. So wird dem thebanischen Herakles entschuldigend „Wahnsinn" zugesprochen, den seine ehemalige Schutzgöttin Hera über ihn verhängt haben soll. Medea erscheint in diesem Zusammenhang als lichte Gegengestalt zu der wütenden und zornigen Hera, die in der überformten Mythe Herakles seit seiner Geburt nach dem Leben trachtet. Medea heilt den Helden mit ihren Zauberkräutern.

In Korinth, wo der Kult der Kinder Medeas lange bestand, kostete es offenbar einige Mühe, eine alte Schutz- und Heilgöttin abzusetzen. Auch hier stellten Medea und Hera ursprünglich wohl Aspekte derselben Göttin dar. Während der Aspekt der guten Mutter und Schützerin in Hera abgespalten und in die „Familie" der Olympier integriert wurde, sank der dunkle Aspekt der wissenden Todesgöttin in Medea zur Gestalt der „fremden Zauberin" ab. Jason, ihr Geliebter und Heros, wurde zu ihrem Feind.

Das brennende Gewand

Weitere Phasen und Charakteristika des Übergangsprozesses von der matriarchalen zur patriarchalen Kultur spiegeln sich in den Transformationen der Mythe vom brennenden Gewand. Die Tätigkeit der auch in der griechischen und der römischen Mythologie noch stets als Dreiheit dargestellten Schicksalsgöttinnen, der Graien oder Parzen, wurde als Weben, Spinnen, Flechten und Knüpfen imaginiert. Die Produkte ihrer Arbeit, der Faden, das Gewebe, der Teppich oder das Gewand symbolisierten das Geschick des Menschen. Für Theseus war der Faden der Ariadne lebensrettend; er wies ihm den Weg in das Labyrinth hinein und wieder hinaus. Die Schicksalsgöttinnen schneiden den Lebensfaden aber auch ab. Homer schildert in der Odyssee die schöne Zauberin Circe, die Schwester Medeas, wie sie singend an ihrem Webstuhl sitzt. Das magische Gewand, das die Schicksalsgöttin webt, kann für seinen Träger glückverheißend oder verderblich sein.

Das weiße Gewand, das Medea als todbringendes Geschenk an Glauke sandte, war – auf der kultischen Ebene – ursprünglich das weiße Leinenhemd, mit dem der heilige König bekleidet wurde, ehe man ihn auf dem Scheiterhaufen verbrannte. Eine parallele Episode des Heraklesmythos kann diesen Zusammenhang verdeutlichen: Herakles hatte seine Gattin Megara verlassen und warb um Iole, die Thronerbin eines anderen Landes. Obwohl er als Sieger eines Wettkampfs im Bogenschießen ein Recht auf die Hand der Braut erworben hatte, weigerte sich Ioles Vater Eurytos, dem Helden seine

Tochter zu geben. Herakles zog weiter und gewann nach einem Kampf mit einem Stier und einer Schlange (den traditionellen Heiratsproben) Deianeira zur Frau, eine amazonenhafte Schöne, die Waffen trug und in einem Wagen fuhr. Später stellte Herakles ein Heer auf und griff aus Rache das Land des Eurytos an, nahm Iole gefangen und brachte sie in Deianeiras Haus. Aus Eifersucht schickte Deianeira Herakles durch einen Boten ein weißes Gewand, das er beim Opfer tragen sollte. Als Herakles das Gewand anlegte, verbrannte das Gift, mit dem es getränkt war, seinen Leib. Der sterbende Herakles ließ sich auf einen Berg tragen und bestieg dort seinen Scheiterhaufen.[1]

Wir erkennen die Verbindung der Geschichten: Auch Jason verließ Medea und wandte sich Glauke zu; auch Medea hatte ein tödliches Gewand zu vergeben, das wohl ursprünglich für Jason bestimmt war, und auch sie soll aus Eifersucht gehandelt haben. In den Umdeutungen der Mythe vom brennenden Gewand zeigen sich die Stadien der Ablösung des sakralen Königinnentums durch das neue, patriarchale Herrschaftssystem. Hellenische Stammesfürsten heirateten altmediterrane Clanköniginnen, um Regenten des Landes zu werden, das in weiblicher Linie vererbt wurde. Diese Verbindungen gingen zum Teil aus der friedlichen Koexistenz der Einwanderer mit der altmediterranen Bevölkerung hervor, zum Teil wurden sie aber, wie die Mythen zeigen, auch durch Waffengewalt, Raub und Entführung erzwungen.

Die Episode des Heraklesmythos zeigt gleich zwei Formen, wie ein heiliger König der Übergangszeit seine Regentschaft verlängern konnte, auch wenn er seine Königin verließ – oder sie ihn verstieß: indem er nämlich die Erbin eines anderen Landes nach dem üblichen Ritus heiratete, oder indem er, wenn er von einer religiös konservativen Gemeinschaft abgelehnt wurde, mit seinen Kriegern die Ansiedlung überfiel und die Erbin entführte.

Herodot schreibt über die Hellenen: „. . . in einem großen Schiff seien sie nach Kolchis und an den Fluß Phasis gefahren, und als sie dort alles vollbracht, weswegen sie gekommen, hätten sie die Königstochter Medeia geraubt."[2] Wenn wir die Medea-Sage als Reflex historischer Erinnerungen auffassen, wurde die kolchische Erbprinzessin auf eine Insel vor der Küste gebracht (die noch zu ihrem Erbland gehörte) und dort zur Ehe mit einem hellenischen Stammesfürsten gezwungen. Tötete dieser Stammesfürst, der in der Sage den traditionellen Heldennamen „Jason" erhielt, den zum Brudergemahl der Erbin Bestimmten, als dieser den Versuch machte, seine Schwester und zukünftige Gattin zu befreien? Die Akten dieses historischen Kriminalfalls (der sicher kein Einzelfall war) sind schon lange geschlossen.

Kehren wir zur korinthischen Überlieferung zurück. Die Trennung oder Scheidung von einer Königin bedeutete den Verzicht auf das Königtum, das ihr Erbe war. Auf einer nächsten Übergangsstufe, die Jason hier repräsentiert, wehrte sich ein Regent gegen seine Absetzung, indem er die Heirat mit der jungen Priesterin erzwang, die für den nächsten Zeitabschnitt als Königin bestimmt war.[3] Der Name Glauke (Eule) deutet darauf hin, daß die neue Braut Jasons eine Priesterin der Athene war. Was den späteren Mythographen als Akt der Eifersucht der Gattin auf die junge Nebenbuhlerin galt, war wohl ursprünglich eher der „Zorn der Göttin", das heißt der erbitterte Widerstand ihrer Priesterinnen gegen die religiösen und politischen Veränderungen, die das aufsteigende Patriarchat mit sich brachte. Vielleicht nahmen eine unterworfene Clankönigin und ihre Priesterinnen Rache an einem Thronusurpator, indem sie ihn mit Gift töteten.

Von Deianeira wird erzählt, daß sie sich in ein Schwert stürzte, von Glauke, daß sie in einen Brunnen sprang. Es ist zu vermuten, daß in der Zeit der hellenischen Invasionen Priesterinnen der Großen Göttin lieber freiwillig in den Tod gingen, als sich der erzwungenen Ehe mit einem feindlichen Truppenführer zu beugen.

Ernest Bornemann hat eine einleuchtende Hypothese darüber aufgestellt, worauf die Misogynie der patriarchalen Gesellschaften des Abendlands zurückzuführen ist: „Die bürgerliche Geschichtsforschung hat weitgehend unterschlagen, in welch hohem Maß die patriarchale Auffassung von der Frau bis zum heutigen Tag von der Frühgeschichte der Griechen geprägt worden ist. Das Verhältnis zwischen einer erobernden Truppe und den Frauen des eroberten Volkes steht fast überall unter dem Schatten gegenseitiger Verachtung. Wo Vergewaltigung die Norm ist, können wir kaum hoffen, gegenseitiges Verständnis und gegenseitigen Respekt vorzufinden. Als die Griechen in die Balkanhalbinsel einfielen und sich die Frauen der Ackerbauvölker aneigneten, kam aber noch ein erschwerender Faktor hinzu: Sie machten die Frauen zu Sklaven."[4]

Daß die Eroberer mit den Frauen der Unterworfenen, die sie geringschätzten, das Bett teilten und sogar in Ehe mit ihnen lebten, führte zu einer ambivalenten Mischung von Schuld, Abhängigkeit und Verachtung und schließlich zu einer traumatischen Unfähigkeit, Frauen als ebenbürtige Wesen wahrzunehmen. Umgekehrt weigerten sich die Frauen, die von den Invasoren zur Ehe gezwungen worden waren, oft jahrelang, mit ihren Gatten an einem Tisch zu sitzen oder sie auch nur beim Namen zu nennen.[5]

Der Schatten der gegenseitigen Verachtung wirkt bis heute in die Beziehungen zwischen den Geschlechtern hinein.

Die eifersüchtige Gattin
Exkurs in die Gefühlswelt der Gegenwart

Durch die Überlieferung der Medea-Sage in der späteren, patriarchalen Form wurde das brennende Gewand zum Symbol der Eifersucht in der Paarbeziehung, wie wir sie bis heute kennen – und es ist ein treffendes Symbol: Tragen Menschen, die von Eifersucht gequält sind, nicht selbst dieses Gewand? Der Ursprung des deutschen Wortes Eifersucht weist auf den Zusammenhang mit dem Feuer, mit dem Brennen hin. Bis zum 18. Jahrhundert wurde das Wort „Eifer" in zwei Bedeutungen gebraucht: im heutigen Sinn des intensiven Bemühens um eine Sache – und im Sinn einer quälenden Obsession, in der heutigen Bedeutung von „Eifersucht". Eifer ist vom althochdeutschen eibar, eiveri abgeleitet und geht auf die indogermanische Wurzel ai, „brennen", zurück.[1] Sucht (suht) ist das alte Wort für Krankheit. Im Wortsinn ist die Eifersucht also die „brennende Krankheit".

Fühlen wir uns nicht wie von einem inneren Brand, von einem ätzenden Gift verzehrt, wenn wir eifersüchtig sind? Wir wollen dieses scheußliche, quälende Gefühl loswerden, das uns in den Augen der Umwelt lächerlich oder bemitleidenswert, in unseren eigenen Augen häßlich, klein, schäbig und wertlos erscheinen läßt, aber es klebt an uns und es verbrennt alle, die uns berühren. Den untreuen Partner überschütten wir mit giftigen Bemerkungen, die wir einfach nicht zurückhalten können. Unseren mitfühlenden Freunden gehen wir auf die Nerven, denn in ihren Augen tun wir alles, um unser Leiden zu verlängern – und das macht ungeduldig. Außerdem lösen unsere Seelenqualen in ihnen die Angst aus, es könnte ihnen ähnliches widerfahren. So ziehen sie sich allmählich von uns zurück, und wir werden einsam und verzweifelt.

Jeder, der einmal eine intensive Eifersucht durchlitten hat, kennt Rachephantasien: Der untreue Partner, die treulose Frau, der Rivale, die neue Geliebte, die Verursacher unserer Qualen – sie sollen einmal die Schmerzen spüren, die wir selbst ertragen müssen. Das brennende Gewand, das uns bei lebendigem Leibe frißt, würden wir ihnen gern zum folgenreichen Geschenk machen. Eifersucht ist von derselben Dynamik gekennzeichnet wie die Sucht in der heutigen Bedeutung des Wortes, von derselben Mischung aus Abhängigkeit und Nicht-aufhören-Können. „Mord und Selbstmord sind die letzten Konsequenzen der Sucht wie im Extremfall der Eifersucht."[2] Morde im Zusammenhang mit Eifersuchtsdramen sind auch heute nicht selten, wie die Presse immer wieder berichtet; Partner und Rivalen werden erstochen, erschossen, vergiftet, ganze Familien ausgerottet, Häuser verwüstet und in Brand gesteckt.[3] Die Täter sind Männer und Frauen, und sie kommen aus allen sozialen Schichten.

Eifersucht hat etwas Mörderisches, auch wenn es nicht im physischen Sinn um Leben und Tod geht, vor allem für den Eifersüchtigen selbst[4]; sie ist keine eindeutige, klar faßbare Emotion, sondern ein Sammelbecken negativer und quälender Gefühle: Angst vor dem Verlust von Liebe und Intimität, Neid auf die größere Freiheit, das stärkere Selbstwertgefühl, das beim Partner oder beim Rivalen vermutet wird, Selbstzweifel, Gefühle der Machtlosigkeit, der Abhängigkeit, des eigenen Unwerts. Heute ist Eifersucht das unpopulärste, am meisten geächtete und am stärksten verleugnete Gefühl – und es lohnt sich, der Geschichte dieses Gefühls einmal nachzugehen.

Wir haben Medea auf dem Weg durch Mythos, Sage und Geschichte begleitet und gesehen, wie sie ihren überpersönlichen Charakter als Göttin „mit dem guten Rat" verlor und zur weiblichen Manafigur[5] mit vorwiegend negativen Zügen herabsank. Als Zauberin mit übermenschlichen Fähigkeiten und überlegenem Wissen war sie noch mit Macht ausgestattet und der Sphäre der Sterblichen enthoben, aber sie stand auf derselben Stufe wie die Heroen, denen sie nun nicht mehr als Göttin beistand, sondern als Frau, die über Zauberkräfte verfügt. Apollonios Rhodios erzählt, daß die Göttinnen Hera und Athene, die Jason schützten und die immer eingriffen, wenn die Mission des Helden zu scheitern drohte, einen Komplott schmiedeten, als sein Leben in Kolchis durch die Feindschaft des Aietes gefährdet war. Nur die kluge und zauberkundige Medea konnte ihn retten! Die Göttinnen wandten sich an Aphrodite und baten sie um ihre Hilfe. Eros wurde ausgesandt, um mit seinen unfehlbaren Pfeilen Medea ins Herz zu treffen und sie so – durch Verliebtheit – zur Verbündeten Jasons zu machen.

In der Sage setzte Medea ihre positiven Kräfte des Schützens und Heilens nicht mehr in überpersönlicher Weise, wie die segenspendende Göttin, ein, sondern aus der menschlichen Motivation der Verliebtheit heraus; ihre „negativen" Kräfte erschienen nun nicht mehr als die notwendig zum Kreislauf des Seins gehörenden Todesaspekte der Göttin, sondern als Bosheit, Grausamkeit und Hinterlist, die aus Haß und, vor allem, aus Eifersucht geboren waren. In der Tragödie der Euripides erreichte die Gestalt der Medea den tiefsten Punkt ihres Abstiegs: Sie wurde zur unfreien, abhängigen, eifersüchtigen Gattin, die den „Beschlüssen der Mächtigen" ausgeliefert war. Im Abstieg der mythischen Gestalt Medea spiegelt sich der Prozeß der Entwertung und Entmachtung, dem die Frauen und alles Weibliche in der patriarchalen Kultur ausgesetzt waren.

Wie mag das „matriarchale" Gegenmodell der Beziehung der Geschlechter ausgesehen haben? Für Euripides war Medea die Fremde, die aus der alten „barbarischen" Ordnung kam. Stellen wir uns vor, mit welchem Hintergrund eine Medea in die Gesellschaft der griechischen Stadtstaaten eintrat.

Wie die noch in hellenistischer Zeit in Kleinasien und an der Schwarzmeerküste existierenden mutterrechtlichen Gesellschaften aussahen, kann ich nicht sagen. Um vor unseren Augen das Bild einer matristischen Kultur entstehen zu lassen, ziehe ich den Bericht einer amerikanischen Ethnologin, Ruth Benedict, über die Zuñi, Puebloindianer im Südwesten Nordamerikas, aus den fünfziger Jahren unseres Jahrhunderts heran.

Bei den Zuñi blieben die Frauen ihr Leben lang im Haus ihrer mütterlichen Sippe und stellten eine solidarische, geschlossene Lebens- und Arbeitsgemeinschaft dar. Haus und Vorräte gehörten den Frauen und wurden von ihnen verwaltet. Wenn ein Mann um ein Mädchen warb, ging er zu ihrem Elternhaus und trug dem Vater sein Anliegen vor. Der Vater fragte die Tochter, ob sie den Bewerber heiraten wolle, und wenn sie einverstanden war, richtete die Mutter im Nebenraum ein Lager, wo die beiden einander beiwohnten. Damit galten sie als verheiratet. Durch einen einfachen Ritus wurde der Ehebund bestätigt: Am folgenden Tag wusch die junge Frau ihrem Mann das Haar. Nach vier Tagen brachte sie ihrer Schwiegermutter ein Geschenk. Der Mann wohnte bei seiner Frau und arbeitete für ihre Sippe. Status und Prestige gewann er nicht als Ernährer, sondern durch die Ritualfunktionen, die er in der Gesellschaft erfüllte, und in der Sippe der Frau durch die Kinder, die er mit ihr hatte.

Wenn der Mann wichtige zeremoniale und religiöse Funktionen erfüllen mußte, kehrte er in das Haus seiner Mutter zurück, wo die heiligen Fetische seiner Sippe aufbewahrt wurden, und dort verbrachte er auch seine Meditationszeiten.

Die Ehen der Zuñi waren, wie Ruth Benedict berichtet, im allgemeinen harmonisch und von Dauer. Wenn eine Frau mit ihrer Ehe unzufrieden war und sich von ihrem Mann scheiden wollte, konnte sie beim nächsten Zeremonialfest nach einem ledigen Mann Ausschau halten. Wenn ihr ein Mann gefiel, fragte sie ihn, ob er sie heiraten wolle, und in der Regel stimmte er zu, denn ein verheirateter Mann galt mehr als einer, der noch bei seiner Mutter wohnte. Nachdem sie so ihre Angelegenheiten geregelt hatten, packte die Frau die Habseligkeiten ihres Mannes zu einem Bündel zusammen und legte sie auf die Schwelle.

Der verstoßene Mann hob sein Bündel mit einem Schrei auf und ging in das Haus seiner Mutter zurück. Seine Angehörigen weinten mit ihm, denn im Dorf galt die Familie als vom Unglück betroffen. Der Mann konnte nur hoffen, bei einem der nächsten kultischen Feste von einer neuen Frau ausgewählt zu werden.[6]

Sehen wir uns nun an, wie die rechtliche und soziale Situation der Frauen in den griechischen Stadtstaaten aussah, in der Welt, in die Euripides seine Medea hineinstellte und die für die abendländische Kultur maßgebend wurde.

Gyne, das griechische Wort für Frau, bedeutet ursprünglich „Gebärerin". Für die Gesellschaften des „klassischen" Griechenlands lag der Wert der Frau vor allem darin, daß sie als Mutter der Söhne des Mannes dessen Geschlecht fortsetzte. Im sozialen Leben spielte die Frau eine untergeordnete Rolle; sie nahm an den Geselligkeiten des Mannes und seiner Freunde nicht teil, sondern blieb in den Frauengemächern. Sie besaß kein volles Bürgerrecht (das immer an Wehrfähigkeit geknüpft war) und hatte politisch keinerlei Einfluß. Mit dem Triumphzug der männlichen Götter war sie als Priesterin aus dem Kult verdrängt worden, der Priester war an ihre Stelle getreten. Ebenso wie vom Kult war sie von der Bildung ausgeschlossen. Sie mußte zeitlebens einen Vormund haben (zuerst war das ihr Vater, dann, wenn dieser starb, der nächste männliche Verwandte); sie konnte keine Geschäfte abwickeln, nicht in Prozessen auftreten, besaß kein Vermögen und erbte nicht. Ihre Mitgift ging in den Besitz des Mannes über.

Ohne Erlaubnis des Vaters oder Vormunds konnte sie keine Ehe eingehen; andererseits hatte sie keine Möglichkeit, einen Gatten zurückzuweisen, den ihr Vater ihr bestimmt hatte. Wenn sie vor der Ehe sexuelle Beziehungen hatte, mußte sie mit schweren Prügelstrafen und Schlimmerem rechnen. Nur die Töchter der Metöken, der Nicht-Bürger, waren von dieser Regel ausgenommen; daher gingen die Söhne der Bürger vielfach voreheliche Beziehungen mit Metökentöchtern ein. Durch die Heirat mit einem Bürger erwarb die Metökentochter ein begrenztes Bürgerrecht. Perikles erließ später ein Gesetz gegen die Ehen zwischen Bürgern und Metöken; die Verbindungen galten als Konkubinat, und die Kinder hatten keinen Erbanspruch.

Da die Frauen durch harte Arbeit und viele Geburten schneller alterten und starben als die Männer, galt es als selbstverständlich, daß in einer Ehe die Frau jünger sein müsse als der Mann. Männer konnten mit ihren Sklavinnen jederzeit sexuelle Beziehungen eingehen, während die Frau, die ein sexuelles Verhältnis mit einem Sklaven hatte, mit dem Tode bestraft wurde. Wenn ein Mann sich scheiden lassen wollte, genügte es, wenn er vor Zeugen die Worte „Ich verstoße dich" aussprach. Für die Frau dagegen war die Scheidung schwierig und trug einen üblen Ruf ein. Sie mußte persönlich zum Archonten gehen, die Scheidung verlangen und die Gründe dafür angeben. Der Ehebruch des Mannes galt nicht als Scheidungsgrund. Umgekehrt verpflichtete der Ehebruch der Frau den Mann, sie zu verstoßen, sonst verlor er seine Bürgerrechte. Der einzige rechtliche Schutz der Frau in der Ehe war eine Klage wegen „schlechter Behandlung", die sie erheben konnte. Ganz gleich, wie schlecht der Mann sie behandelt hatte oder wie schuldig er war, im Falle einer Scheidung blieben die Kinder grundsätzlich beim Ehemann.[7] „O leidvolle Ehe der Frauen, wieviel Übles tatest du schon den Sterblichen an!"[8]

Johann Jakob Bachofen schrieb: „Überall ist es der Angriff auf die Rechte des Weibes, der dessen Widerstand hervorruft und der seine Hand erst zur Verteidigung und dann zu blutiger Rache bewaffnet."[9]

Medea, das ist zu vermuten, kannte ihre Rechte noch. Sie war kein Kind der Gesellschaft, nach deren Gesetzen sie leben mußte, und sah ihr Los nicht als selbstverständlich an. Sie war nicht bereit, sich zu ducken und sich den „Beschlüssen der Mächtigen" zu beugen. In rasender Wut holte sie zu einem Vernichtungsschlag aus, der in seiner ungeheuerlichen Wirkung bis heute nachklingt. Nach allgemeinem Konsens war sie durch Eifersucht zu ihrer Tat motiviert. Wenn das für den Mord an Kreusa stimmt – trifft es auch auf den Kindesmord zu?

Medea war in einer aussichtslosen Situation: Ihr blieb nur die Wahl zwischen Verbannung und Tod. Sie war bereit, bis zum Äußersten zu gehen, um sich an denen zu rächen, die ihr das Unrecht angetan hatten, und um ihre Würde und ihre Selbstachtung wiederherzustellen. Wenn Medea keine Bühnengestalt gewesen wäre, die zum Schluß in den Mythos zurückkehrt und den Sterblichen die Macht einer Jenseitsgöttin zeigt, sondern eine reale Frau, wäre sie hingerichtet worden. Und was wäre mit ihren Kindern geschehen, den Kindern einer Mörderin? Sie zog es vor, ihre Kinder mit eigenen Händen zu töten. Ihre Tat war so monströs wie die Verhältnisse, unter denen sie lebte.

Seit der Antike galten die Frauen als das eifersüchtige Geschlecht. Die Schilderung der rechtlichen und sozialen Stellung der Frauen in den griechischen Stadtstaaten zeigt, daß sie allen Grund dazu hatten, eifersüchtig und neidisch zu sein – nicht auf die Sklavinnen, mit denen ihre Gatten schliefen, sondern auf das Recht der sexuellen Selbstbestimmung, das allein die Männer hatten, auf die Macht, die Freiheit, die Verfügungsrechte, die Privilegien der Männer.

Nach der Auffassung von Ernest Bornemann taucht Eifersucht, historisch gesehen, „in allen Gesellschaften erst dann auf, wenn zwei ganz bestimmte Entwicklungsstränge sich miteinander verknüpfen: Abstammungsfolge in männlicher Ordnung und vererbbares Privateigentum".[10] Während der Begriff der Jungfräulichkeit in der matriarchalen Welt keine sexuelle Bedeutung hatte, sondern nur auf die Unabhängigkeit und Freiheit der jungen Frau verwies, die noch nicht auf die Mutterschaft und den Mann bezogen war, nahm er in der patriarchalen Gesellschaft die Bedeutung der vorehelichen Keuschheit an. Die Unberührtheit der Frau vor der Ehe und ihre eheliche Treue wurden gefordert, um zu gewährleisten, daß die Kinder, vor allem die Söhne des Mannes, seine Erben, auch mit Gewißheit die von ihm Gezeugten waren – eine Sicherheitsmaßnahme, die das mütterliche Erbrecht natürlich nicht brauchte.

Für den Mann war der andere Mann, der mit „seiner" Frau schlief, ein Dieb, der sich an seinem Eigentum vergriff. Für die Frau, die ihre wirtschaftliche und soziale Absicherung nur noch in der Ehe fand, mußte der Ehemann zum wichtigsten „Besitz" werden, den sie gegen räuberische Angriffe anderer Versorgung wünschender Frauen verteidigte. Es ist plausibel, daß eine auf Besitz fixierte Gesellschaftsordnung, die Neid und Eifersucht auf den Erfolgreicheren als berechtigte Antriebskraft zum „Aufstieg" bewertet, auch ihren Niederschlag im Verhältnis zwischen den Geschlechtern findet.[11]

Der Frau im Patriarchat war es aber nie gestattet, Eifersucht zu äußern. Weibliche Eifersucht war immer lästig, denn sie stellte das männliche Vorrecht auf Promiskuität in Frage und wurde, je nachdem, wie zurückhaltend oder massiv die Frau sie äußerte, ignoriert, abgewehrt, streng getadelt oder bestraft (in der Regel dadurch, daß der Mann sich von der eifersüchtigen Gattin schied). Als Jason in der Schlußszene der Tragödie Medea anklagt, daß sie aus bloßer Eifersucht ihre schreckliche Rache vollzogen habe, antwortet sie ihm mit der Frage: „Wähnst du dies geringes Leid für eine Frau?" Und er sagt darauf: „Für eine vernünftige Frau ja. Aber für dich ist alles schlecht."

Nur „unkluge" Frauen machten Szenen. Der traditionelle Rat an eine „kluge Frau" war bis in unser Jahrhundert hinein, ihre Eifersucht zu unterdrükken, die Affären ihres Mannes zu tolerieren, sorgfältig auf ihr Äußeres zu achten und besonders liebenswürdig zu sein. Dieser Rat implizierte, daß die Frau selbst daran schuld sei, wenn ihr Mann sich von ihr abwandte. Eifersüchtige Ehefrauen (oder Geliebte, denn auch diese bleiben nicht von Eifersuchtsgefühlen verschont), die nicht fähig waren, diese „Klugheit" zu entwickeln, wurden bedauert oder abgelehnt.

Ganz anders – wenn auch keineswegs mitfühlender – reagierte die Umwelt auf eifersüchtige Männer. Sie wurden belächelt und verspottet. Der „Gehörnte" war stets eine Witzfigur, ein Verlierer und Versager, der seine Frau nicht „im Griff" hatte und der dem Rivalen unterlegen war. Während bei der weiblichen Eifersucht der Verlust der Liebe – und, nicht zu vergessen, der materiellen Sicherheit – als Drohung im Vordergrund stand, ging es bei der Eifersucht des Mannes vor allem um den Verlust der Ehre; seine Eifersucht war ein Zeichen seiner Unmännlichkeit. Von dem zentralen seelischen Leiden, das den Kern der Eifersucht ausmacht, waren und sind beide Geschlechter gleichermaßen betroffen: von einem dramatischen Abfallen des Selbstwertgefühls und der Selbstachtung.

Freud sagt über Eifersucht: „Die Eifersucht gehört zu den Affektzuständen, die man ähnlich wie die Trauer als normal bezeichnen darf. Wo sie im Charakter und im Benehmen eines Menschen zu fehlen scheint, ist der Schluß gerechtfertigt, daß sie einer starken Verdrängung erlegen ist und darum im unbewußten Seelenleben eine um so größere Rolle spielt ... Über die normale Eifersucht ist analytisch wenig zu sagen. Es ist leicht zu sehen, daß sie sich im wesentlichen zusammensetzt aus der Trauer, dem Schmerz um das verlorengeglaubte Liebesobjekt, und der narzistischen Kränkung, soweit sich diese vom anderen sondern läßt, ferner aus feindseligen Gefühlen gegen den bevorzugten Rivalen und einen mehr oder minder großen Beitrag von Selbstkritik, die das eigene Ich für den Liebesverlust verantwortlich machen will."[12]

Mit der Veränderung der Geschlechterrollen und der gesellschaftlichen Funktionen von Mann und Frau, die besonders im Lauf der letzten zwanzig bis fünfundzwanzig Jahre zu einem Wandel in der Einstellung zu Ehe und Partnerschaft führten, und mit der Liberalisierung der Sexualität veränderte sich auch der Umgang mit Eifersucht. Die bürgerliche Doppelmoral, die dem Mann einen „stärkeren Trieb" und somit ein größeres Maß an sexueller Freizügigkeit zubilligte und die Frau auf die Reinheitsrolle verpflichtete, wurde in Frage gestellt. An die Stelle der Verpflichtung zu lebenslanger Treue trat die Forderung nach größerer sexueller Toleranz. Doch da tradierte Normen und Wertvorstellungen bei Menschen im Unbewußten noch lange weiterwirken, auch wenn sie zu den bewußten Ansichten in Widerspruch stehen, schuf die „sexuelle Revolution" keine echte Befreiung, keine neue Möglichkeit der Verständigung zwischen den Geschlechtern, sondern nur eine Verschärfung der Situation. Die richtige Erkenntnis, daß die Eifersucht tief in den Macht- und Besitzstrukturen unserer Kultur verwurzelt ist, verkam zu einer recht simplen Formel, die eine neue Verhaltensnorm begründete: Eifersucht galt nunmehr als „bürgerliches Besitzdenken" und war somit gar nicht mehr salonfähig. Ein starker Affekt mußte nicht nur unterdrückt, sondern völlig verleugnet werden, wenn man nicht als hoffnungslos reaktionär gelten wollte. Die Chance einer wirklich „freien Liebe" zwischen den Geschlechtern wurde verspielt. Während es den auf die Reinheitsrolle hin erzogenen Frauen weiterhin schwerfiel, sich ein körperliches Begehren einzugestehen, das nicht durch Liebe „geadelt" war, konnten die Männer ihr traditionelles Vorrecht auf Promiskuität um so leichter wahrnehmen, ohne, wie früher, die moralische und/oder finanzielle Verantwortung für die Folgen übernehmen zu müssen.

Das männliche Empfinden von und der männliche Umgang mit Eifersucht wurde für beide Geschlechter zur Norm: Eifersucht bedeutete Prestigeverlust, und es galt vor allem, den Anlaß zur Eifersucht zu meiden, das heißt sich nicht zu stark zu engagieren. Die seither oft gehörte Behauptung „Ich bin nicht eifersüchtig" bekräftigt die eigene emotionale und sexuelle Normalität. Der von Frauen und Männern gleichermaßen oft geäußerte Vorwurf „Du bist ja *nur* eifersüchtig" verweist den Partner in seine Schranken und bedeutet ihm, daß er sich seiner Gefühle zu schämen habe.

Frauen wurden jahrhundertelang dazu erzogen, sich nicht um sich selbst und um ihre eigenen Interessen, sondern um andere zu drehen, auf andere einzugehen, die Bedürfnisse anderer zu erfüllen. Dieser Mangel an „Eigendrehung" führt zu Störungen in der Autonomieentwicklung und zu chronischem Mangel an Selbstwertgefühl. Frauen sind daher durch die zentrale Dynamik des Eifersuchtskonflikts, durch das rapide und drastische Absinken der Selbstachtung besonders stark gefährdet.

Wir verschlimmern unsere Situation, wenn wir unsere Eifersuchtsgefühle verleugnen und verdrängen, denn Eifersucht ist – wie Aggression – in erster Linie ein Schutzgefühl, eine Alarmglocke, die plötzlich schrillt und die anzeigt, daß etwas nicht mehr stimmt; nicht erst in diesem Augenblick, sondern schon seit längerer Zeit, und nicht nur in der Beziehung, sondern auch im eigenen Selbstbild. Eifersucht hat eine Erkenntnisdimension und eine Erkenntnisfunktion: Mit ihrer Hilfe kann ich feststellen, welche Veränderungen an mir selbst, am Partner und in der Beziehung mir entgangen sind, weil ich sie nicht wahrhaben wollte.

Es heißt oft, gegen Eifersucht sei kein Kraut gewachsen, man könne sie nur „aussitzen", es gebe kein Heilmittel dafür. Aber vielleicht kann es in Zukunft doch ein Heilmittel geben: neue und andere Leitbilder dessen, was „Weiblichkeit" und „Männlichkeit" bedeuten.

Eine Göttin verschwindet

Bei Hesiod wird die Göttin Hekate (zu deren triadischer Gestalt Circe und Medea gehörten) noch als die segenspendende Allgöttin dargestellt, die in hohem Ansehen stand und weite Verehrung genoß. Ihr Kult war vor allem in Kleinasien verbreitet; er umfaßte Einweihungsriten und Mysterien, an denen Menschen unter anderem teilnahmen, um von Krankheiten geheilt zu werden. Die „Hekatesia", die Mysterien der Hekate, verschmolzen später mit dem eleusinischen Demeterkult, dessen große Bedeutung in der Antike vielfach belegt ist.[1]

Im hellenistischen Griechenland verlor die Gestalt der Hekate (und mit ihr Medea) ihr lichtes, mütterlich-gütiges Gepräge und erschien als zwar ehrfurchtgebietende, aber unheimliche und düstere

Göttin der Nacht und des Todes, die zu magischen Zwecken angerufen wurde und der an Orten, wo drei Wege sich trafen, mitternächtliche Opfer gebracht wurden. Man stellte sich vor, daß die unterweltliche Göttin drei Köpfe oder drei Wandlungskörper habe – zu dieser Phantasie war die ursprüngliche Vorstellung von der Dreifaltigkeit der Mondgöttin zusammengeschmolzen.

Apollonios Rhodios schildert eine an Hekate gerichtete Opferzeremonie: Jason vollzog sie nach den Anweisungen Medeas, um den Schutz der Hekate Brimo, der „zornigen Hekate" für seinen Kampf mit den feurigen Stieren und den „Gesäten Männern" zu gewinnen. Um Mitternacht nahm er ein rituelles Bad, legte ein dunkles Gewand an, hob in einem Eichenhain eine Grube aus und schichtete daneben einen Holzstoß auf. Er schlachtete ein Schaf, ließ das Blut in die Erdgrube laufen, entzündete den Holzstoß und legte das Opfer darauf nieder. Dann goß er aus einem Kelch ein Trankopfer von Honig aus, rief dabei die Göttin an und bat sie um ihren Schutz. Medea hatte ihm eingeschärft, daß er sich dann von dem brennenden Scheiterhaufen zurückziehen müsse und sich nicht umdrehen dürfe, wenn er das Geräusch von Schritten oder das Gebell von Hunden höre.

Der Dichter malt das Erscheinen der Göttin als überwältigendes Ereignis von düsterer Schönheit aus: Die Erde bebt bei ihrem Schritt, der Glanz zahlloser Fackeln erhellt die Nacht, Schlangen winden sich um die Äste der Eichen, Hunde heulen und bellen.

Die olympische Zeusreligion konnte Hekates Würde und Majestät nicht gänzlich auslöschen. Es hieß, daß Zeus selbst Hekate fürchtete und es nicht wagte, ihr die Macht zu nehmen, die Wünsche der Sterblichen zu erfüllen. Sie behielt als Göttin eine Sonderstellung, fand aber keinen Platz in der olympischen Götterfamilie.

Das olympische System entstand zunächst als Kompromiß zwischen den religiösen Auffassungen der altmediterranen und der hellenistischen Völker.[2] Die männlichen Wetter-, Donner- und Feuergottheiten der hellenischen Stämme wurden dort, wo diese sich in die altmediterranen Kulturen integrierten, zu „Brüdern" der Göttin.

Mit der Festigung des Patriarchats gewannen auch die männlichen Götter die Macht im Olymp. Erst jetzt verfolgte Hera Zeus mit ihrer Eifersucht, gab es Neid der Göttinnen untereinander und auf sterbliche Frauen. Erst jetzt war das Verhältnis der Geschlechter – auch in den Mythen – von Feindschaft geprägt.

Wenn die olympischen Göttinnen, die nun entweder zu „Gattinnen" oder zu „Jungfrauen" erklärt wurden, auch Teile ihrer ursprünglichen Universalität beibehielten, ging bei ihnen jedoch, anders als bei Hekate, der Todes- und Unterweltaspekt verloren. Ein männlicher Gott, Hades, beherrschte nun das Totenreich.

Warum wurde gerade die Göttin als alte Frau, die „Mutter" der Triade, die den kosmischen Zyklus von Werden und Vergehen repräsentierte, am stärksten unterdrückt und in der Folgezeit so vollständig verdrängt? Zunächst, weil in der alten Göttin, der Herrin über Leben und Tod, am stärksten der Machtaspekt des Weiblichen zum Ausdruck kam, weil das gesamte sakrale Wissen zu ihrem Bezirk gehörte und weil die irdische – auch die politische – Macht der Priesterinnen nicht unwesentlich auf dem starken religiösen Einfluß der Kulte beruhte.

Die Geschichten von der Vertreibung Medeas aus Korinth, Theben und Athen weisen darauf hin, daß und mit welchen Mitteln der Kult der Großen Göttin unterdrückt wurde. Die Stadien der Exilreise zeigen, wo sich in hellenistischer Zeit ihr Kult noch hielt: in Thessalien (das während der gesamten Antike als „klassisches" Land der Hexen galt), in den griechischen Kolonien an der Südspitze Italiens, in Kleinasien und an der Schwarzmeerküste, wo noch matristische Stämme lebten, die dem alten religiösen System anhingen.

Medea verschwindet – ihr Schlangenwagen trägt sie davon, eine Wolke verbirgt sie vor den Blicken der Sterblichen. Auch Medeas Rückkehr auf die „Insel der Seligen", von der die alten Überlieferungen berichten, die Heimkehr in ihr angestammtes Reich des Frühlichts, in dem die Heroen nach ihrer Apotheose wohnen, kommt einem Verschwinden gleich. Die alte Göttin hat sich ins Dunkel zurückgezogen; das paradiesische Jenseitsland, das der Bezirk ihrer „Tochter", der Mädchengöttin war, ist nun kein Mythos mehr, der sich auf kultische oder seelische Wirklichkeit bezieht, sondern nur noch eine romantische Vorstellung.

Das Untertauchen der wünscheerfüllenden Hekate, die Verdüsterung der die Wandlung vollziehenden Circe, das Verschwinden der ratgebenden Medea bedeutet, daß die Inhalte und Wertvorstellungen, die die Triade ursprünglich verkörperte, das wissende Kreisen im Zyklus von Leben, Tod und Wiedergeburt, nicht mehr ins Bewußtsein integriert werden konnte. Die von nun an gültigen Wertvorstellungen wurden von der Welt der Vatergötter geprägt. Das universale Bild der Göttin wurde in die „gute Mutter" und die „verschlingende Mutter" aufgespalten.

Im Lauf der Entwicklung der monotheistischen Vaterreligionen rückte das Weibliche im Bild der Gottheit immer weiter in den Hintergrund. Die bereits gespaltene Göttin wurde erneut halbiert. Ihre wunderbare sinnliche Kraft, die Ur-Kreativität, die die Schöpfung ermöglicht hatte, sank in der Gestalt der (ehemaligen Schlangengöttin) Eva zur „Erbsünde" herab.[3] Was erhalten blieb, war eine „Dame ohne Unterleib", das Bild der Madonna, das nur mehr Jungfräulichkeit, Keuschheit und asexuelle Mütterlichkeit als Leitbild positiver Weiblichkeit enthielt.

Als dann durch die Entwicklung des wissenschaftlichen Denkens, durch die Evolutionstheorie, die Naturforschung und die zunehmende Naturerkenntnis die Vorstellung von einem Gott, der die Welt geschaffen hat und sich um jede einzelne Kreatur kümmert, dahinschwand, verlor die gesamte abendländische Kultur an seelischer Sicherheit. Der „Gottesverlust" wurde zum entscheidenden Faktor in der Bewußtseinskrise der Moderne. Er konnte, in der Tradition der Aufklärung, zum Teil mit dem Glauben an die Vernunft kompensiert werden, über die allein der Mensch verfügt und die ihn vor geistigseelischem Verfall retten kann. Aber was geschah mit den Frauen, denen ja auch im Reich der Vernunft nur ein „begrenztes Bürgerrecht" zugestanden wurde?

Erst heute werfen feministische Theologinnen die

Frage auf, welche Auswirkungen das Verschwinden der Göttin auf die „andere Hälfte der Menschheit" gehabt hat. Mit der Großen Göttin in ihrer triadischen Gestalt als unabhängiges Mädchen, reife, fruchtbare Mutter und weises altes Weib konnten sich Frauen ihr Leben lang identifizieren, in jeder Lebensphase ihrem Dasein einen Sinn entnehmen.[4] Seit nur noch ein Fragment des Weiblichen, Jungfräulichkeit, Keuschheit, Mütterlichkeit, als positives Identifikationsmodell Gültigkeit besaß, begannen auch die Frauen selbst, Zorn, Aggression, Durchsetzungswillen und das Streben nach Autonomie als „schlecht" und „unweiblich"; Sinnlichkeit, Lust, reife Liebes- und Beziehungsfähigkeit als „schwach" und „sündig" zu bewerten. In allem, was Verstand, Wissen und Weisheit anging, mußten sie auf eine eigene Identität verzichten oder sich eine „fremde" Identität vom Männlichen ausborgen. Die weibliche Identität war brüchig geworden; Selbstentwertung wurde zu einer Frauenkrankheit von epidemischen Ausmaßen. Vielleicht kamen die Frauen in der Neuzeit dennoch besser über den allgemeinen „Gottesverlust" hinweg als die Männer: Sie hatten ihre Geborgenheit in der Göttin schon längst verloren, waren bis zu einem gewissen Grad daran gewöhnt, in religiöser Einsamkeit zu leben, und mußten nicht in demselben Maß wie die Männer auf ihre Ungeborgenheit mit Zynismus und Destruktivität reagieren.

Erich Neumann sieht die Aufspaltung der Großen Göttin in die „gute Mutter", die ins Wertsystem und ins Bewußtsein der patriarchalen Kultur integriert wurde, und die „verschlingende Mutter", die unterdrückt und verdrängt wurde und ins Unbewußte absank, noch unter einem anderen Aspekt. Er stellt sie in Zusammenhang mit der Evolution des Bewußtseins im Lauf der Menschheitsgeschichte, die er nicht als einen linearen, historischen Ablauf sieht, sondern als ein typisch-allgemeines Geschehen, das für Individuen wie für Kulturen dieselben Gesetzmäßigkeiten aufweist.

Der bivalente, Gegensätze enthaltende Inhalt, den die Große Göttin repräsentierte, machte seiner Auffassung nach eine Orientierung des Bewußtseins unmöglich. Dem bivalenten Inhalt entspricht in der Persönlichkeit der Zustand der Ambivalenz: das gleichzeitige Angezogen- und Abgestoßensein, das Faszination auslöst und entscheidungsunfähig macht.

„Das Bewußtsein kehrt immer wieder zu diesem Inhalt oder der Person, die diesem Inhalt entspricht oder sein Projektionsträger ist, zurück und kann von ihm nicht loskommen. Immer neue Reaktionen werden ausgelöst, das Bewußtsein findet sich nicht zurecht, und Affektreaktionen treten auf. Jeder bivalente Inhalt, der zugleich anzieht und abstößt, bewirkt auf diese Weise Ganzheit und löst affektbetonte Reaktionen aus, weil das Bewußtsein versagt, regrediert und primitive Mechanismen an seine Stelle treten. Affektreaktionen als Wirkung der Faszination sind aber gefährlich, sie entsprechen einer Überschwemmung des Bewußtseins durch das Unbewußte."[5]

Im Weg des männlichen Helden, der zunächst als heiliger König und Heros im Dienst der Großen Mutter steht und mit seinem Opfertod in sie zurücksinkt, der auf der nächsten Stufe das Schlangenungeheuer (den verschlingenden Mutteraspekt) tötet und sich aus der Herrschaft der Großen Göttin befreit, ihr „Feind" wird, sieht Neumann die allmähliche Emanzipation des Bewußtseins aus dem tierhaft-unbewußten Sein, in dem alle Reaktionen in undifferenzierter Weise miteinander verknüpft sind.

Auf der „prälogischen" Stufe der Bewußtseinsentwicklung bilden somatische, emotionale und mentale Wahrnehmungen und Reaktionen eine undifferenzierte Ganzheit. Auf der „magischen" oder „mythischen" Stufe schafft sich das Bewußtsein Orientierungen in Form polarer Strukturen; das keimhafte Ich, das sich aus der „Gruppenpsyche" zu lösen beginnt, sinkt aber noch leicht in den Kreislauf der undifferenziert-ganzheitlichen Reaktionen zurück. Die Symbole, mit denen das „mythische Denken" operiert, bilden die Voraussetzung für die Entwicklung des abstrakten Denkens, das somatische, emotionale und mentale Reaktionen unterscheidet, Rationales von Irrationalem trennt und die Welt mit ihren Phänomenen in Ordnungskategorien erfaßt. In diesem Prozeß bildet sich das Individuum heraus, das sich durch Bewußtheit und Willenskraft aus dem totalen Bestimmtsein durch die Triebnatur herauslösen kann.

In dieser Entwicklungstheorie liegt gleichzeitig eine Darstellung des Zivilisationsprozesses, der durch die immer stärkere Kontrolle der Affekte charakterisiert ist; zu seinen negativen Folgen gehört die Abspaltung des Körperbewußtseins, der Emotionen und der unbewußten Prozesse vom rationalen Ich-Bewußtsein.

Mythen und Symbole können eine wertvolle Hilfe sein, wenn es darum geht, unbewußt ablaufende Prozesse ins Bewußtsein zu heben, in die Persönlichkeit zu integrieren und so auf einer neuen Stufe die Ganzheit wiederherzustellen.

Zu den Grundgesetzen, die Struktur des Bewußtseins betreffend, gehört für Neumann die Zuordnung von Licht, Tag und Bewußtsein zum Männlichen und von Dunkel, Nacht und Unbewußtem zum Weiblichen – und zwar unabhängig vom Geschlecht des Assoziierenden. „Das Ich-Bewußtsein als solches hat männlichen Charakter auch bei der Frau ebenso wie das Unbewußte weiblichen Charakter hat beim Mann."[6]

Erich Neumann, der in seinem Buch „Die Große Mutter" die komplexen Entwicklungszusammenhänge der matriarchalen Religionen in einer eindrucksvollen Gesamtschau dargestellt hat, kann gewiß niemand Misogynie vorwerfen. Dennoch zeigt sich an seiner Identifizierung der Bewußtseinsentwicklung mit dem männlichen Heldenweg und des Bewußtseins an sich mit dem Männlichen das Wirken der patriarchalen Vorurteilsstruktur. Wie die Mythen zeigen, wurden auch Licht, Tag, Geist, Schöpfertum, Erfindungsgabe und Tatkraft ursprünglich mit der Göttin identifiziert. Auch der Mond, der am nächtlichen Himmel strahlt, oder die Fackel, die im Dunkel der Nacht aufleuchtet, sind Symbole der Weisheit und der Erkenntnis, die sicher in mehr als einer Form auftreten können. Schon Metaneira kämpfte gegen die ewige kindliche Abhängigkeit des menschlichen Bewußtseins vom Erdhaft-Mütterlichen an, als sie Demeter beim Ritus des „Kindes im Feuer" störte. Auch die Medea, die ein Weihefest zur Sühne der Kinderopfer stiftete, hatte sich aus dem Bannkreis des undifferenziert-ganzheitlichen Bewußtseins bereits gelöst.

Wenn es in unserer Kultur so erscheint, als habe Bewußtsein auch bei der Frau männlichen Charakter, so ist das wohl eher auf die gesellschaftliche Verteilung der Geschlechterrollen und die jahrhundertelang tradierten Macht- und Abhängigkeitsverhältnisse zwischen den Geschlechtern zurückzuführen. Es ist überflüssig, hochentwickelte mentale und seelische Fähigkeiten – Intellekt, Verstand, Kreativität, Intuition, Empathie – überhaupt in Geschlechtskategorien aufzuteilen; sie sind weiblich und männlich zugleich: menschlich. Daß sie sich je nach den spezifischen Lebenszusammenhängen, in die die Geschlechter eingebunden sind, in unterschiedlichen Formen äußern können, ist eine andere Sache. Wenn jedes System, das „matriarchale" und das „patriarchale", Wissen, Weisheit, Schöpfertum und Geist dem jeweils dominierenden Geschlecht zuschreibt, beweist das nur, daß sich keines von beiden Systemen zu voller Menschlichkeit entwickelt hat und daß es gilt, über beide hinauszugehen. Wenn Frauen heute die Große Göttin rehabilitieren und wiederbeleben, geht es vor allem darum, Werte, Einstellungen und Inhalte zurückzugewinnen, die das Patriarchat in seiner Einseitigkeit vernachlässigt und verloren hat und die für unser aller Überleben notwendig sind.

Ein weiteres Vorurteil ist in unserer Gesellschaft ganz allgemein verbreitet: daß nämlich die christlich-abendländische Kultur und die mit ihr verbundene Geistesentwicklung anderen, vor allem den sogenannten primitiven Kulturen und ihrem Denken, generell überlegen sei. Welche Züge einer Kultur „primitiv" oder „kultiviert" erscheinen, hängt ganz vom Standpunkt des Betrachters ab und von den zentralen Werten, an denen er sich orientiert. Einem Betrachter, für den Leben, Gleichgewicht, organisches Wachstum in Natur und Kultur und Verantwortung für die Schöpfung die zentralen Werte sind, muß unsere waffenstarrende, aggressive, konkurrenzorientierte und ausbeuterische Zivilisation trotz ihrer erstaunlichen Technologien außerordentlich primitiv erscheinen. Was die Einstellung zur Natur, zum Leben, zum Altern und zum Sterben und den Umgang mit natürlichen Ressourcen angeht, erscheinen die Kulturen der „Wilden", der Indianer und der arktischen Völker, und die versunkenen matriarchalen Kulturen hingegen überaus kultiviert.

Die Verdrängung der alten Göttin des Werdens und Vergehens ins Dunkel und ins Unbewußte hat unserer Kultur mehr Schaden als Nutzen gebracht: Wir sind in geradezu hysterischer Weise an Jugendlichkeit fixiert; um das Bemühen, die Anzeichen des nahenden Alters zu verhindern und zu überdecken, haben sich ganze Industrien gebildet. Reife Menschen, vor allem Frauen, gelten nicht mehr als attraktiv, alte Menschen stehen am Rande der Gesellschaft. Mit dem Tod können wir nicht mehr umgehen, er ist (neben der mittlerweile ein wenig enttabuisierten Sexualität) das größte Tabu unserer Kultur. Der Tod wird versteckt, beiseite geschoben, überschminkt, so weit als nur möglich aus unserem alltäglichen Sein hinausverlagert. Der Gedanke ans Sterben löst Schaudern und Depressionen aus; wir meiden die Berührung mit unheilbar Kranken und Sterbenden. Die Medizin verlängert das Leben, auch wenn es dem Todkranken nur zusätzliche Qualen bringt und er der Möglichkeit beraubt wird, zu er-

kennen, daß er gehen muß, und mit klarem Bewußtsein Abschied von der Welt zu nehmen.

Andererseits wird ein Kult mit Gewalt und Destruktivität getrieben: Bilder von Kriegsschauplät-
zen und Katastrophenberichte in den Medien, Fil-
me, in denen sich die Leichen türmen und das Blut
in Strömen fließt, tragen zu unserer Unterhaltung
bei. Während wir den Tod in der Realität verleugnen, scheint es, als müßten wir uns symbolisch
permanent mit ihm konfrontieren, aber im Sinn des
„Wiederholungszwangs", von dem Freud im Zusammenhang mit der Verdrängung spricht: Das Ver-
drängte wird ständig symbolisch ausagiert, und gerade das Wesentliche kann nicht als Realität erin-
nert werden.[7]

Das Wesentliche stand den Verehrern der dreiköpfigen Hekate vermutlich klarer vor Augen als uns
heute: daß der Tod im Leben ist und daß wir ihn alle
in uns tragen; einerseits weil wir sterblich sind und
eines Tages wieder in den Kreislauf des Seins eingehen werden – andererseits weil wir fähig sind, zu
töten und zu zerstören.

Daß auch die sanfte und friedfertige Frau über das
angsteinflößende Potential von Aggression und Gewalt verfügt, war – und ist – für eine vom männlichen Bewußtsein dominierte Kultur völlig unan-
nehmbar. Offen zur Schau getragener Zorn oder
auch nur aggressiver Durchsetzungswille bei Frauen
wurden daher immer als „monströs", „unnatürlich"
und „unweiblich" zurückgewiesen. Dieses gesellschaftliche Tabu wirkt auch in den Frauen selbst
und auf gefährliche Weise: Frauen neigen in viel
höherem Maß als Männer dazu, ihre unterdrückten
und verdrängten Aggressionen destruktiv gegen sich

selbst zu richten; schwere Depressionen und suizidale Gefährdung sind die Folgen.

In den fünfziger Jahren, zur Zeit des „kalten Krieges", entstand eine ganze Serie trivialer Science-Fiction-Filme, die sich bis heute großer Beliebtheit erfreuen. Sie folgten alle dem Muster eines um 1950 entstandenen japanischen Films (der gewissermaßen ihren Ursprungsmythos darstellt): Durch atomare Erschütterungen erwacht in einem Tiefseegraben ein urzeitliches Monster, ein saurierartiger Meeresdrache von immensen Ausmaßen, steigt an Land, fegt mit seinen Prankenhieben Hochhäuser hinweg, hebt Züge aus den Geleisen, zertritt Hochspannungsmasten unter seinen Füßen, richtet ein Chaos von Tod und Vernichtung an und verschwindet wieder im Meer. Der Film kreist um die Versuche, das Monster, das immer wieder dem Wasser entsteigt und die Zivilisation angreift, zu bekämpfen und zu vernichten, was schließlich, durch einen immer größeren Aufwand destruktiver Waffen, auch gelingt. In dem Kampf gegen den urzeitlichen Meeresdrachen, der später den Markennamen „Godzilla" erhielt, spiegelt sich die Angst vor dem atomaren Vernichtungsschlag und das „Gleichgewicht des Schrekkens", das seit dem Zweiten Weltkrieg das hervorstechende Merkmal der politischen Strategien unserer gesamten planetaren Kultur geworden ist. Die Geschichte enthält aber auch einen den Filmemachern selbst vermutlich unbewußten „mythischen Rest": In dem Meeresdrachen steigt das Schlangenungeheuer wieder empor, der Todesaspekt der dreiköpfigen Hekate, und es wird, in einem permanenten Präventivkrieg, immer wieder ins Unbewußte zurückgetrieben.

Wenn Medea in ihrer „patriarchalen Gestalt" immer wieder auf der Bühne erscheint, ein Chaos von Tod und Vernichtung anrichtet und zum Schluß auf ihrem Schlangenwagen verschwindet, liegt darin (die kritische Darstellung der rechtlosen Situation der Frauen gleichsam unterlaufend), in weitaus weniger offensichtlicher und trivialer Weise, ein „falscher Mythos" vor, das heißt ein kulturelles Klischee, geprägt von der verdrängten Angst vor dem dunklen Weiblichen, auf das die patriarchale Kultur den Tod projizierte.

Der tibetische Buddhismus, der in seiner Bild- und Symbolwelt noch stark von der archaischen Bön-Religion geprägt ist, kennt einen anderen Umgang mit Dämonen der Vernichtung und des Todes. Dem Menschen, der (geistig) den zornigen und bluttrinkenden Gottheiten begegnet, die dreiköpfig erscheinen, eine Girlande von Totenschädeln um den Hals und von schwarzen Schlangen umwunden – diesem Menschen wird geraten, nicht in Panik und Schrecken vor der Erscheinung zu flüchten: „Fürchte das nicht. Laß dich nicht einschüchtern. Wisse, daß dies die Verkörperung deines eigenen Geistes ist. Da es deine Schutzgottheit ist, laß dich nicht erschrecken."[8] Die zornigen, bluttrinkenden Gottheiten sind nämlich nur das polare Gegenbild der strahlenden Gottheiten der Weisheit und der Güte. „Wenn man über die Schilderungen dieser bluttrinkenden Gottheiten meditiert hat, dieweil man in der Menschenwelt war, und wenn man ihnen zur Anbetung und zum Lob etwas unternommen, oder wenigstens, wenn man ihre gemalten Ebenbilder und Figuren gesehen hat, gelangt man... zu Erkenntnis und Befreiung. Darin liegt die Kunst."[9]

Die Kunst, um es noch einmal deutlich zu machen, liegt darin, vor dem gesamten Zyklus des Lebens, auch vor dem Tod, nicht die Augen zu verschließen. Diese Weisheit, die sich auf Individuen und auf Gesellschaften beziehen läßt und über die schon die matriarchalen Religionen verfügten, so daß sie an den Wurzeln unserer eigenen Kultur zu finden ist, sollten wir aus der Verbannung erlösen: Wir sind dem Gedanken an unseren eigenen Tod nicht mit Horror, Schrecken und Panik ausgeliefert, wenn wir ihn als notwendige Wandlung begreifen. Wir werden weniger gefährdet sein, im Affekt das Leben anderer zu beschädigen oder zu vernichten, wenn wir uns mit dem uns selbst innewohnenden Potential von Aggression, Gewalt und Destruktivität konfrontieren, denn dann müssen wir es nicht auf andere projizieren und in anderen bekämpfen. Und schließlich – und das gilt heute für Frauen in ganz besonderem Maß – werden wir eine Schutzgottheit zurückgewinnen, wenn wir es wagen, unsere Wut, unseren Zorn und unsere Rachegelüste mit offenen Augen zu sehen und in ihnen das polare Gegenbild unserer Stärke, unserer Lebenskraft und unserer Kreativität zu erkennen. So können wir der Gefahr entgehen, uns selbst zu beschädigen, unser eigenes Leben zu zerstören und unsere Identität zu verlieren.

Frauen waren nicht in allen Geschichtsepochen gleich unterdrückt. Ihr Status wechselte im Rahmen der politischen, wirtschaftlichen und sozialen Veränderungen, die die europäischen Gesellschaften seit der Antike durchliefen. In der Gesellschaft des alten Rom (die in vieler Hinsicht unserer modernen Massengesellschaft viel stärker ähnelt als zum Beispiel die Gesellschaften des Mittelalters) war eine relative Emanzipation der Frau möglich geworden. Die Frau nahm als mater familias und Herrin des Hauses eine geehrte Stellung ein, hatte Zugang zur Bildung und verwaltete ihr Vermögen selbst – falls sie vermögend war. Selbst im Mittelalter, das, was die Selbstbestimmung der Frau angeht, mit Recht als „finster" gelten darf, organisierten sich Frauen in eigenen Zünften und bildeten ihre eigenen Ordensgemeinschaften (zum Beispiel die Beginen). Mit dem Beginn der Aufklärung im 17. Jahrhundert wuchsen den Frauen wieder mehr Freiheit und Verfügungsgewalt über sich selbst zu; bezeichnenderweise taucht auch in dieser Zeit – bei Corneille – das Medea-Thema wieder auf.[10] Im 18. Jahrhundert, im Zeitalter der bürgerlichen Emanzipation, waren die Frauen viel freier als im 19. Jahrhundert. Die Möglichkeiten der Frauen, ein stärker selbstbestimmtes Leben zu führen, waren im allgemeinen allerdings an ihre Zugehörigkeit zu der jeweils normgebenden (Ober- oder Mittel-)Schicht geknüpft.

Zu einem völligen sozialen Gleichgewicht zwischen den Geschlechtern führten die Veränderungen des gesellschaftlichen Status der Frauen jedoch nie; sie blieben – einmal mehr, einmal weniger offensichtlich – in einer Position der Zweitrangigkeit. Das zeigt sich unter anderem daran, daß ihre kulturellen Leistungen stets weniger beachtet wurden als die der Männer und nicht in die „Annalen der Geschichte" eingingen, sondern der Vergessenheit anheimfielen.

Dritter Teil

Der dunkle Spiegel

Verliebtheit als Verhängnis

...die Herrin der schärfsten Geschosse,
Kypris[1], brachte vom Olymp zum ersten Mal den
Menschen den bunten Wendehals,
den sie unlösbar auf die vier Speichen eines Rades
spannte,
den Vogel, der wahnsinnig vor Liebe macht,
und lehrte den Sohn des Aison flehentliche
Beschwörungen,
auf daß er Medea die Scheu vor den Eltern nehme
und die Sehnsucht nach Griechenland
sie im Herzen verzehre und sie die Qual der Peitho[2]
spüren lasse.
Sofort zeigte sie die Wege zur Vollendung der vom
Vater gestellten Aufgaben.
Sie gab ihm mit Öl versetzte Heilmittel gegen
schwere Schmerzen,
um sich damit zu salben. Und sie gelobten, sich in
gemeinsamer Ehe
glücklich miteinander zu verbinden.[3]

Die Geschichte der kolchischen Zauberin und des Helden der Argonautensage, die in der späteren Überlieferung zu einer Liebesgeschichte mit tragischem Ausgang zusammenschmilzt, ist die Spiegelung des Verhältnisses der Geschlechter in einer vom männlichen Bewußtsein dominierten Kultur.

Die Beziehung zwischen Medea und Jason entspricht nicht dem typischen Bild der patriarchalen Ehe, wo der Mann herrscht und die Frau dient; sie gleicht vielmehr in vieler Hinsicht der Beziehung eines modernen Paares, das den Weg in die gemeinsame Zukunft unter der Voraussetzung der Ebenbürtigkeit antritt. Die junge Medea, der Jason in Kolchis begegnet, ist kein unsicheres, hilfloses junges Mädchen, sondern – in Termini der Gegenwart ausgedrückt – eine intelligente, selbstbewußte junge Frau, die ihre Fähigkeiten kennt und sich ihres eigenen Wertes bewußt ist. Jason, der Seefahrer und Abenteurer, der Anführer der Argonauten, verfügt über alle Qualitäten, die einen „jungen Helden" ausmachen – Zielstrebigkeit, Mut, Neugier, Lebendigkeit, Selbstbewußtsein und Unternehmungsgeist – aber er braucht Medea, die seine Heldeneigenschaften bestätigt, „magisch" unterstützt und aktiviert, und zunächst braucht er sie mehr als sie ihn.

In der Sage wird das Gleichgewicht von Brauchen und Gebrauchtwerden durch einen auf Medea gerichteten Liebeszauber wiederhergestellt, durch den auf dem Rad ausgespannten Vogel, durch die Pfeile des Eros: Medea gerät in den Bann der Verliebtheit. Wie die Verliebtheit auf sie wirkt, schildert Ovid:

. . . und sie schaut! Wie wenn sie ihn jetzt erst sähe, so hält sie fest die Augen gebannt auf sein Antlitz; sie kann sie nicht lösen; denn sie vermeint, das Gesicht eines Gottes zu schauen, die Tolle! Und wie er gar zu reden beginnt, der Fremdling, die Rechte

ihr ergreift, mit bescheidener Stimme um Hilfe sie
bittet und ihr die Ehe verheißt, da stürzen hervor
ihre Tränen.
„Was ich beginne, ich weiß es", so spricht sie, „ich
kenne das Gute,
aber die Liebe verführt mich. Dich wird meine
Gabe erretten;
bist du gerettet, erfüll dein Versprechen!" Er
schwört es bei allem,
was der dreileibigen Göttin geweiht...[4]

Euripides spricht davon, daß Medea „von Liebe zu
Jason im Herzen verstört" gewesen sei, Ovid spricht
von „Tollheit". Apollonios Rhodios erzählt, daß die
Titanin der Nacht (der Mond) gerade am Himmel
aufstieg, als Medea heimlich den Palast verließ, um
Jason vor den Plänen ihres Vaters zu warnen. Die
alte Mondgöttin (die ursprünglich Medeas Mutter
war) schaut auf die Verliebte herab, sinnt über ihre
eigene unerfüllte Liebe zu dem schönen Endymion
nach, der schlafend in einer Höhle liegt und nie
erwacht, und sagt:

... nun bist du selbst von einer Leidenschaft erfüllt,
die dem Wahnsinn gleicht, und irgendein Gott der
Beschwernisse hat dir Jason gegeben, damit er
dein Gram und dein Leiden sei. Nun, so gehe
dahin, und stähle dein Herz, so weise du auch sein
magst, um die Bürde des Schmerzes zu tragen,
beladen mit vielen Seufzern.[5]

In den Worten der Mondgöttin, die sie halb zu sich
selbst, halb zu Medea spricht, liegt eine deutliche
Warnung, aber es klingt darin auch eine beinahe

101

rachsüchtige Befriedigung an, daß nun auch die selbstbewußte junge Magierin das Schicksal erleiden wird, das offenbar allen Frauen vorherbestimmt ist: in der Hoffnung auf eine Liebe zu leben, die sich nie erfüllen wird.

Jason ist von Medeas Schönheit bezaubert und von ihrer Ausstrahlung, ihren „magischen Kräften" fasziniert, aber für seine Verliebtheit werden keine Metaphern des Kontrollverlusts und der Grenzüberschreitung herangezogen; sie erscheint nicht als Gefahr für ihn, sondern, im Gegenteil, als notwendige Ergänzung seiner Ziele und Pläne. Warum wird Medeas Verliebtheit als unausweichliches Verhängnis dargestellt, von vornherein mit der Ahnung von Schmerz und Leiden, Scheitern und Verlust verbunden? Auf der literarischen Ebene ist das natürlich ein Kunstgriff, der dazu dient, Medea als tragische Gestalt einzuführen. Aber in dieser ungleichgewichtigen Darstellung spiegelt sich auch eine Denkstruktur, die uns bis heute vertraut ist: die Definition der Gefühlssphäre als „weiblich" und der Vernunftsphäre als „männlich". Die unterschiedliche Auffassung der Verliebtheit Medeas und der Verliebtheit Jasons entspricht einer bis heute gültigen kulturellen Vereinbarung: Von Frauen wird angenommen – und erwartet –, daß sie vor Liebe dahinschmelzen, den Kopf verlieren, keine Kontrolle mehr über sich und ihre Entscheidungen haben; für Männer gilt das Gegenteil, sie dürfen nicht vor Liebe dahinschmelzen, wenn sie nicht als „unmännlich" gelten wollen; von ihnen wird erwartet, daß sie, trotz aller Leidenschaft, Herr ihrer Entscheidungen bleiben und nicht wider die Vernunft handeln, „nur" weil sie verliebt sind.

Zu den traditionellen Wertvorstellungen, die unsere Bilder von „Weiblichkeit" und „Männlichkeit" über Jahrhunderte prägten, gehört außerdem, daß die dauerhafte Liebesbindung an einen Partner für die Frau im Zentrum ihres Daseins stehe und den Sinn ihres Lebens ausmache, daß die Liebesbindung beim Mann hingegen seinen äußeren (Berufs- und Karriere-)Zielen nachgeordnet sei. Auch wenn wir heute diese Wertvorstellungen nicht mehr mit Selbstverständlichkeit übernehmen, sind unsere Einstellungen zu Liebe und Partnerschaft doch – bewußt oder unbewußt – zutiefst davon geprägt. In psychologischer Sicht sind Traditionen Identifikationsmuster, die über viele Generationen weitergegeben wurden und die sich vor allem aus unbewußten seelischen Prozessen aufbauen.[6] Da in unserer Gesellschaft die tradierten Rollennormen außerdem als „natürliche" Eigenschaften der Geschlechter ausgegeben werden, ist es äußerst schwierig, herauszufinden, welche unserer Reaktionen und Verhaltensweisen nun wirklich authentisch sind.

Viele Frauen erleben Verliebtheit tatsächlich als übermächtigen Bann, dem sie sich nicht entziehen können, als einen Zustand der Verwirrung, in dem Hoffnungen, Glückserwartungen und tiefe Ängste miteinander vermischt sind. Frauen sind tatsächlich oft über Gebühr mit ihren Liebesgeschichten beschäftigt, übermäßig abhängig von Liebesbeziehungen, die, auch wenn sie nicht befriedigend sind, oft jahrelang oder über ganze Lebensphasen im Zentrum ihres Daseins stehen und den größten Teil ihrer Energie absorbieren. Frauen wirken oft unsicherer und störbarer in der Partnerschaft als Männer, und ihr Leben ist stärker beeinträchtigt, wenn eine Beziehung zerbricht oder die Hoffnung auf eine Partnerschaft sich nicht erfüllt. Verliebtheit kann so tatsächlich zum Verhängnis werden.

Worauf beruht diese weibliche Disposition, Liebesbeziehungen so überwertig wahrzunehmen?

Der Psychoanalytiker Fritz Riemann spricht von grundlegenden Anforderungen und Schwierigkeiten der Persönlichkeitsentwicklung, von denen beide Geschlechter gleichermaßen betroffen sind: Der Weg zur Reife erfordert einerseits ein hohes Maß an „Eigendrehung", an Beschäftigung mit sich selbst, die der Klärung der eigenen Bedürfnisse, Einstellungen und Wertmaßstäbe dient und die dazu führt, daß ein Mensch ein stabiles Ich entwickelt, zu einem einmaligen Individuum wird. Aber andererseits braucht man zur Abgrenzung auch den anderen; die Ich-Werdung kann sich nur im Kontakt mit anderen Menschen vollziehen, und zur Reife gehört auch die Fähigkeit, sich „um andere zu drehen", Verständnis und Einfühlung zu entwickeln, sich der Welt und den anderen zu öffnen, beziehungs- und hingabefähig zu werden.

Da diese Grundanforderungen polar zueinander stehen, lösen sie Spannungen und Konflikte aus und sind mit spezifischen Ängsten gekoppelt: Wenn der Impuls der „Eigendrehung", das Bedürfnis nach Ich-Abgrenzung im Erleben im Vordergrund steht, tritt die Angst vor Selbsthingabe auf, die als Ich-Verlust und Abhängigkeit erlebt wird. Wenn das Kontaktbedürfnis, die Forderung der Öffnung dem anderen gegenüber im Erleben das Übergewicht gewinnt, entsteht Angst vor der Selbstwerdung, die sich als Gefühl der Ungeborgenheit, Einsamkeit und Isolierung äußert.[7]

Welche Neigungen und welche Ängste ein Mensch vorrangig entwickelt, hängt stark von den Prägungen der Kindheit ab, vom Erziehungsklima des Elternhauses, von der Erfüllung oder Nichterfüllung der grundlegenden Bedürfnisse nach Wärme, Nähe, Geborgenheit und Sicherheit, von der Beziehung der Eltern untereinander. Aber unabhängig von den individuellen Unterschieden in der Erziehung verläuft die Entwicklung des weiblichen Kindes, zumindest im Alter zwischen vier und sechs Jahren, in der Autonomiephase, anders als die des männlichen Kindes. Dem Mädchen, das sich schon aufgrund seines Geschlechts als mit der Mutter identisch erlebt, fällt es viel schwerer als dem Knaben, sich aus der Symbiose mit ihr zu lösen; es bleibt stärker von ihrer Bestätigung abhängig und erlebt die notwendigen Schritte der Ablösung von ihr mit größerer Angst vor Liebesverlust. Diese Angst könnte in der Erziehung aufgefangen werden, aber in den meisten Familien ist der Vater dem Kind nicht so nahe, daß es auch von ihm die selbstverständliche Erfüllung seiner Bedürfnisse erwarten könnte und es bei ihm die nötige Sicherheit fände, wenn es sich der Mutter „entfremdet".

„Unsere Gesellschaft hat zudem die Neigung, diese Abhängigkeit des Mädchens, sein überstarkes Bedürfnis nach Liebe und Anerkennung, ohne Rückfrage als etwas Naturgegebenes anzusehen und sich entsprechend darauf einzustellen."[8] Man ermutigt das Mädchen nicht – wie den Knaben –, durch seine Neugier die Welt zu entdecken und durch das Interesse an anderen Dingen eine relative Distanz zur Beziehungssphäre zu gewinnen, sondern erzieht es dazu, ständig innerhalb der Beziehungssphäre zu

bleiben, stets auf die Bedürfnisse der Umwelt einzugehen, um Liebe und Bestätigung zu werben und
dabei keine kontinuierliche und vollständige Befriedigung seiner eigenen Bedürfnisse zu erwarten.

Im Büro eines Freundes, eines vielbeschäftigten
Immobilienmaklers, hatte ich Gelegenheit zu beob-
achten, wie sich diese Erziehungsnormen auch im
Alltag moderner Paare durchsetzen: Die Frau des
Freundes und seine fünfjährige Tochter waren nach
einem Zoobesuch spontan im Büro vorbeigekom-
men. Das Mädchen sprudelte über vor Mitteilungs-
drang und wollte dem Vater seine Beobachtungen
und Erlebnisse erzählen. Der Vater, der unter Zeit-
druck stand, weil er einen nächsten Termin wahrnehmen mußte, vertröstete die Tochter auf den
Abend. Während er zur Tür eilte, drehte er sich
noch einmal um. „Kochst du mir heute abend einen
Pudding?" fragte er die Kleine, sicher in der bewußten Absicht, ihr zu zeigen, daß er sie trotz seiner
Eile ernst nehme. Das Mädchen nickte ernsthaft,
ging zur Mutter und ergriff ihre Hand.

Da sich Mädchen um Kontakt und Nähe – besonders um die kostbare Aufmerksamkeit des Vaters –
ständig bemühen müssen, wird Zuwendung zur Ge-
gengabe für eigene „emotionale Leistung", und da
sie darauf vorbereitet werden, die Geborgenheitswünsche anderer zu erfüllen, wird das eigene Bedürfnis nach emotionaler Sicherheit allmählich zum
„verbotenen Gefühl".[9] Viele Mütter finden es auch
„natürlicher", wenn sich ihre Söhne – wie die Väter
– zurückziehen, sich ihren eigenen Interessen wid-
men, ihr Umsorgtwerden als etwas Selbstverständliches hinnehmen und weniger auf die Bedürfnisse
der Umwelt eingehen, während die Töchter immer

zur Hand sein und die emotionale Leistung der Mutter stärker spiegeln sollen.[10]

So kanalisiert eine Erziehung, die die traditions-bestimmten geschlechtsspezifischen Rollenmuster als naturgegeben hinnimmt, die Persönlichkeitsent-wicklung und die mit den Reifungsschritten verbun-denen Ängste bei Frauen und Männern in vorge-zeichnete Richtungen; sie reproduziert die kulturel-len Stereotypen des durchsetzungsfähigen, aber ge-fühlsarmen Mannes und der beziehungsfähigen, aber in ihrem Selbstwert gestörten Frau. Natürlich lassen sich nicht alle Männer und Frauen in dieses Raster einordnen, und in der Realität erscheinen die Typen selten so eindeutig. Von dem erziehungsbe-dingten Mangel an „Eigendrehung" sind jedoch alle Frauen mehr oder minder betroffen, und sie leiden daher viel häufiger als Männer unter dem Gefühl der Unvollständigkeit und unter einer quälenden Angst vor Einsamkeit und Ungeborgenheit, wenn sie keine enge Liebesbeziehung haben. Sie glauben oft, eine zusätzliche Leistung erbringen zu müssen, um, im Austausch dafür, Geborgenheit, Sicherheit und Zu-wendung vom Mann zu bekommen.

„Vielen Frauen fällt es äußerst schwer, zu glauben, daß ihr Partner tatsächlich aus freien Stücken bei ihnen sein will. Sie glauben auch nicht daran, daß seine Liebe von Dauer ist und nicht nach den ‚Flit-terwochen' dahinschwindet. Eine Art Vorahnung: Man wird sie unweigerlich ablehnen und ver-lassen."[11]

Frauen mit „Medea-Eigenschaften", starke, kom-petente, begabte Frauen, sind davon keineswegs ausgenommen. Oft haben sie ihre emotionalen Si-cherheitsbedürfnisse tief verdrängt, oft sind sie noch weniger als andere Frauen in der Lage, ihre Geborgenheitswünsche zu äußern. Wenn sie nicht wenigstens ein Minimum an „weiblicher Hilflosigkeit" an den Tag legen, bietet ihnen auch niemand an, sie zu beschützen. Sie erleben Verliebtheit als Spaltung, denn mit den Glückshoffnungen kommen auch die verbotenen Gefühle wieder ans Licht, die Wünsche nach symbiotischer Geborgenheit, die so gefährlich sind, weil ihre dunkle Rückseite die tödliche Angst vor dem Verlassenwerden ist.

Eine „Medea-Frau" verhält sich anders als sonst, wenn sie verliebt ist, unsicherer und weniger selbstbewußt. Sie versteht sich selbst nicht mehr, handelt gegen ihre Überzeugungen und sieht sich einer Persönlichkeitsveränderung ausgesetzt, die ihr angst macht. Um das drohende Verhängnis des Verlassenwerdens zu bannen, richtet sie ihre Aufmerksamkeit von vornherein viel zu ausschließlich auf den Mann, verwendet ihre „magischen Kräfte", ihre gesamte Kreativität darauf, die Beziehung zu beschützen, bietet sich dem Mann als selbstlos spendende Mutter, als „Retterin" an, alles in der Hoffnung, er werde sie – da sie doch soviel tut, um seine Liebe zu verdienen – mit Treue und Beständigkeit belohnen: „Dich wird meine Gabe erretten, bist du gerettet, erfüll dein Versprechen!" sagt Medea zu Jason.

Der Mann wird sich in ihrer Aufmerksamkeit sonnen und von ihrer Hilfe und ihren Ratschlägen profitieren. Aber vielleicht will er gar nicht gerettet werden; vielleicht fühlt er sich von ihrer Kompetenz erdrückt und durch ihre Klugheit entmündigt. Vielleicht ist sein Helden-Ich nicht so stabil, wie es den Anschein hat, denn sonst könnte er sie in ihrer Übersollerfüllung bremsen und ihr sagen, daß er sie auch mag, wenn sie sich um ihre eigenen Angelegenheiten kümmert. Er wird ihre Rettungsversuche sabotieren, indem er, wie Jason, immer wieder in Schwierigkeiten gerät, und ihr damit beweisen, daß ihre „magischen Kräfte" nichts taugen. Oder er zieht sich emotional zunehmend von ihr zurück und nimmt ihre Aufmerksamkeit und ihr Bemühen um ihn, wie er es in seiner Erziehung gelernt hat, als etwas Selbstverständliches hin.

Eine Medea-Frau wird alles tun, um das Auseinanderbrechen einer Beziehung zu verhindern; ihre Aufmerksamkeit wird mehr als je zuvor um ihren Partner kreisen, sie wird ihre Bemühungen verdoppeln, ihm nahezukommen, mit ihm verbunden zu sein – mit dem Erfolg, daß er sich bedrängt fühlt und sich immer weiter von ihr entfernt. Wenn es zur Trennung kommt, ist sie wütend auf den Undankbaren – es war Wahnsinn, sich in einen solchen Mann zu verlieben –, vor allem aber ist sie verzweifelt, weil ihre tiefsten Ängste sich bestätigt haben, weil ihre Sehnsüchte unerfüllt geblieben sind, weil sie ihre Energien verausgabt hat und nun mit leeren Händen dasteht. Vermutlich wird sie, nach einer angemessenen Trauerzeit, von einem neuen Jason, einem neuen Helden träumen, der ihr endlich die ersehnte Geborgenheit gibt.

„Verläßt du mich nicht, verlaß ich dich auch nicht"

Kann man die Begegnung Medeas und Jasons nicht auch positiver sehen? Ist das Versprechen, das sie einander geben, nicht auch Ausdruck einer romantischen Liebesphantasie, die wir alle als Sehnsucht in uns tragen und die uns den Antrieb gibt, die Schwierigkeiten des Lebens in solidarischer Gemeinschaft mit einem geliebten Partner zu bewältigen? „Verläßt du mich nicht, verlaß ich dich auch nicht" – „nie und nimmermehr", heißt es im Märchen[1]; „Ich werde alles für dich tun" – „Ich werde dich nie verlassen", versprechen sich Medea und Jason, und in diesem Versprechen drückt sich die Hoffnung auf eine Liebe aus, in der zwei Menschen zu einer Einheit verschmelzen, eine Liebe, die grenzenlos ist und alle Hindernisse überwindet.

Es ist nur natürlich, daß ein Paar, das am Beginn eines gemeinsamen Lebens steht, zunächst zu einer Symbiose verschmilzt, daß sich die Partner ganz ausschließlich aufeinander beziehen, um sich gegenseitig Wärme, Geborgenheit und Sicherheit zu geben. Die zeitweilige Regression, die darin auch liegt, kann sinnvoll und nützlich sein, weil sie die Chance bietet, unbewältigte Ängste und frühere Leidenserfahrungen auszugleichen und aufzuarbeiten. Damit ein Mensch sich in der Welt sicher, in der Realität zu Hause fühlt, müssen seine Grundbedürfnisse nach Liebe, Zugehörigkeit, Geborgenheit, Anerkennung, Schutz und Vertrauen einmal vollständig befriedigt worden sein. Um nicht ständig von der Angst vor Hunger und Mangel bedroht zu sein, muß man sich einmal vollständig gesättigt haben. Wenn das in der Kindheit und Jugend nicht oder nicht vollständig gelungen ist, bietet die Paarbeziehung eine zweite Chance, diesen Mangel auszugleichen, sich an Zuneigung, Bestätigung, Nähe und Liebe zu sättigen.

„Ein wichtiger Aspekt einer guten Liebesbeziehung ist das, was man Bedürfnisidentifikation nennen könnte oder die Zusammenlegung der Hierarchien der Grundbedürfnisse bei zwei Personen in eine einzige Hierarchie. Die Auswirkung davon ist, daß eine Person die Bedürfnisse der anderen empfindet, als wären es ihre eigenen, und daher auch bis zu einem gewissen Ausmaß empfindet, als würden die eigenen Bedürfnisse der anderen Person gehören. Ein Ich expandiert jetzt, um zwei Menschen zu erfassen, und bis zu einem gewissen Grad sind die beiden jetzt für psychologische Zwecke eine einzige Einheit, eine Person, ein einziges Ich geworden."[2]

Aber eine gute Liebesbeziehung erfordert nicht nur das Verschmelzen zu einer Einheit, sondern auch das Respektieren der Individualität jedes Partners. Das Leben des Paares wird stagnieren, wenn es dauernd in der Symbiose verharrt. Wenn ein bestimmter „Sättigungsgrad" erreicht ist, müssen die Partner sich wieder voneinander lösen, jeder muß wieder ein Einzel-Ich werden. Die polaren Grundanforderungen der Persönlichkeitsentwicklung tauchen im Zusammenleben als Paar auf einer neuen Stufe wieder auf. Wenn sie vorher in zeitlich getrennten Phasen erprobt und gelebt wurden, müssen sie jetzt gleichsam ständig in der Praxis geübt werden, als Rhythmus des Einander-Umschlingens und Einander-Loslassens, in dem jeder Partner Sicherheit finden kann, wenn er sie braucht, aber auch die Freiheit, seine eigenen unabhängigen Vorstellungen und Ziele zu entwickeln und zu leben.

Es ist eine komplexe Aufgabe für ein Paar, die Mitte zwischen Gemeinsamkeit und Eigenständigkeit, zwischen „Wir" und „Ich", zwischen Nähe und Distanz zu finden – ein Wachstumsprozeß, der Zeit braucht und Lernbereitschaft erfordert. Die gemeinsame Bewältigung der Ängste – vor Abhängigkeit und Ich-Verlust einerseits, vor Einsamkeit und Isolierung andererseits – ist der schwierigste Aspekt dieser Lernprozesse, durch die ein Paar gehen muß.

Eine wichtige Voraussetzung dafür, daß es gelingt, einen Rhythmus von Nähe und Distanz zu etablieren, mit dem sich beide Partner wohl fühlen, ist die Gleichwertigkeitsbalance[3] in einer Paarbeziehung. Gleichwertigkeit bedeutet nicht, daß die Partner in allem dieselben Voraussetzungen haben müssen – in Herkunft, Ausbildung oder in den gesellschaftlichen Funktionen, die sie erfüllen –, sondern daß sie einander ebenbürtig sind, was Reife, Kompetenz und Selbstwertgefühl angeht und daß sie einander in dieser Ebenbürtigkeit auch anerkennen.

Die tradierten Geschlechterrollen in unserer Gesellschaft setzen einer solchen harmonischen Entwicklung in der Partnerschaft von vornherein Widerstand entgegen. Unsere Kultur begünstigt die „nährende Symbiose" nicht; sie betont auch in der Beziehung der Geschlechter die Strukturen von Macht und Abhängigkeit, polarisiert von vornherein die Funktionen, die jeder Partner in der Beziehung zu erfüllen hat, trennt so die Gefühlswelten der Geschlechter und macht die Kommunikation von Männern und Frauen auf der emotionalen Ebene äußerst schwierig.

Wo Offenheit herrschen sollte, etabliert sich ein uneingestandenes, voreinander verheimlichtes Zusammenspiel, in dem die unbewältigten Ängste und Konflikte nicht erkannt und thematisiert, sondern mit verteilten Rollen ausagiert werden.[4] Ein Partner übernimmt die abhängige, sich anklammernde Rolle (in unserer Kultur ist das im allgemeinen, wenn auch durchaus nicht immer, die Frau), der andere die nach Distanz strebende, unabhängige Rolle. Der eine lebt das Gesamtpotential beider Partner an Nähebedürfnis, Anhänglichkeit und Emotionalität, der andere verhält sich überkompensierend, was Rationalität und Erwachsenheit angeht, und lebt das Gesamtpotential des Paares an Realitätsbewältigung und Selbständigkeit. Nach außen entsteht der Eindruck, als sei ein Partner das Gegenteil des anderen, aber ihre Verhaltensweisen sind nur polarisierte Varianten desselben Konflikts.[5]

In Medea, der Magierin, ist das Bild einer Frau überliefert, die handelt, die Dinge in Bewegung setzt, die aus eigener Kraft Veränderungen bewirken kann. Warum wird sie dennoch so sehr von der Beziehung zu Jason abhängig, daß sie das Scheitern ihrer Ehe in Korinth als existenzbedrohende Katastrophe erlebt?

Nachdem Medea mit Jason auf der Argo aus Kolchis geflohen ist, wird sie allein auf eine der Artemis geweihte Insel gebracht. Diese Insel, die noch zum Bezirk der Großen Göttin gehört, ist ein „seelischer Ort" der Selbstbesinnung, wo Medea zum ersten Mal vor der Frage steht, ob sie Jason allein weiterziehen lassen soll. Nach einer ersten Phase intensiver Verliebtheit, in der spontane, vielleicht auch unbedachte Entscheidungen getroffen wurden, kommt es bei vielen Menschen zu einer plötzlichen Distanz, die etwas Bedrohliches hat. An dem anderen, den man nun besser kennt, werden plötzlich Eigenschaften sichtbar, die in das idealisierte Bild des „Traummannes", der „Traumfrau", das man in der Verliebtheit entworfen hat, nicht hineinpassen, Persönlichkeitsmerkmale, die man vorher nicht wahrgenommen hat oder nicht wahrhaben wollte. Eine Enttäuschung tritt ein, die durchaus positiv gewendet werden kann, wenn man sich nun nicht mehr darüber hinwegtäuscht, daß der andere ein Mensch mit Schwächen und Unvollkommenheiten ist und kein gottähnliches Wesen ohne jeden Makel.

Wenn wir Medea als das Ich einer Frau und ihre kolchischen Verwandten als Repräsentanten ihrer Gefühlswelt auffassen, ist Apsyrtos, der als Befreier auf die Insel kommt, der Ausdruck einer kritischen Distanz zu ihrer Beziehung zu Jason, ihr eigener Anspruch auf Unabhängigkeit und Freiheit, der sich gegen die symbiotische Abhängigkeit von ihrem Helden zur Wehr setzt. Aber die Insel ist auch ein Symbol des Einzel-Ich, ein Bild der Einsamkeit und des Auf-sich-allein-Gestelltseins, das bedrohlich wirken kann. Der Befreier läuft in einen Hinterhalt – die kritische Einstellung zum Partner, zu der Beziehung in der gegenwärtigen Form, wird gewaltsam niedergekämpft. Wenn das Bild des idealen Partners demontiert wird, schwindet auch die Illusion von der grenzenlosen, ewigwährenden Liebe dahin.

Viele Frauen ersticken ihre Unabhängigkeits- und Distanzbedürfnisse in einer Beziehung schon im Keim, weil sie fürchten, verlassen zu werden, wenn sie in ihrem ständigen Bemühen um Liebe auch nur für kurze Zeit nachlassen, und weil sie die Phantasie von der ewigwährenden Liebe, aus der sie innere Sicherheit und Angstfreiheit beziehen, nicht aufgeben wollen.

Medea hält an der Phantasie von der ewigwährenden Liebe fest – aber sie gibt alles andere auf, als sie Jason folgt, ihren eigenen Herrschaftsbezirk, ihre

Vergangenheit, ihre alten Bindungen. Auf dem Weg von Kolchis nach Korinth setzt sie immer wieder ihre Zauberkräfte ein, um Jason zu schützen und um Hindernisse, die ihm im Weg stehen, zu beseitigen. Ihr Handeln ist indirekt, sie wirkt magisch im Hintergrund, webt einen Zauber um sich und ihren Helden, und alles, was sie tut, tut sie für ihn, mit dem Blick auf ihn und auf ihre Beziehung. Entspricht dieses Bild nicht auch heute noch dem Ich-Ideal vieler Frauen? Verklärt unsere Kultur nicht bis heute die Macht der weiblichen Liebe, die durch Selbstverleugnung, Hingabe und Opferbereitschaft auch unter den bedrohlichsten Umständen obsiegt? Wird so nicht traditionell – von der Oper bis zum Schlager, von der „klassischen" Literatur bis zum Groschenroman, von der Schnulze bis zum „ernsthaften" Film – das „Heldentum" von Frauen besungen? Medeas Rolle, die Rolle der hingebungsvollen Retterin, ist bis heute das wichtigste kulturelle Identifikationsangebot für Frauen. Aber dieses kulturelle Ideal hat einen ungemein destruktiven Aspekt: Jedesmal wenn Medea eingreift, um ihre Liebe zu schützen, geschieht etwas Furchtbares: jede „Rettung" Jasons endet in Vernichtung, Mord und Tod. Als inneres Geschehen kann das heißen, daß eine Frau, die sich dieser Art des weiblichen Heldentums verschreibt, destruktiv handelt, was sie selbst, was ihre eigene Persönlichkeit angeht. Wenn sie in jeder Krise, bei jedem Konflikt, immer nur mit dem Blick auf den Partner und die Beziehung handelt, ihre gesamte Energie in seine Ziele und in die Rettung ihrer Liebe investiert, tötet sie jedesmal ein Stück ihrer selbst, ihrer eigenen Kraft, ihrer eigenen aktiven und kreativen Möglichkeiten.

Es ist Tradition bei Frauen, „magisch" im Hintergrund zu wirken, ihre Männer zu fördern, zu unterstützen, zu ermutigen, alles Störende von ihnen fernzuhalten, durch verständnisvolle Mitwirkung ihre Karrieren voranzutreiben, an ihren Erfolgen zu partizipieren und auf die Entfaltung ihrer eigenen Möglichkeiten weitgehend zu verzichten. Der Wirkungskreis von Frauen war jahrhundertelang extrem eingeengt und auf ihre häuslichen Funktionen beschränkt, auf die alltägliche Reproduktion, den Haushalt, das Aufziehen der Kinder. Die traditionelle Frauenarbeit, die den Charakter des Zyklischen, der Wiederholung des Immer-Gleichen trägt, die langfristig nie zu vorzeigbaren Resultaten führt und die gesellschaftlich nicht als „Leistung" gilt, weil ihr kein Gegenwert an Geld zugeordnet wird, bietet wenig Möglichkeiten der Bestätigung des eigenen Erfolges, der eigenen Bedeutung. Mittlerweile ist allgemein bekannt, daß Frauen auf einen als öde und sinnentleert empfundenen Alltag mit Depressionen, psychosomatischen Erkrankungen, chronischer Erschöpfung, sogar mit Alkoholismus und Medikamentenabhängigkeit reagieren können – ein Krankheitsbild, das mit dem Terminus „Hausfrauensyndrom" beschrieben wird.

Das Gefühl, zur Bedeutungslosigkeit, Machtlosigkeit und Wirkungslosigkeit verdammt zu sein, das heißt zu einer „vitalen Impotenz", gehört zu den schmerzlichsten und unerträglichsten Erlebnissen, denen Menschen ausgesetzt sein können, und sie werden alles tun, um dieses Gefühl zu überwinden, sei es durch hektische Aktivitäten, durch Arbeitswut (eine bislang eher „männliche" Kompensationsform), sei es durch Drogen anderer Art, die die erwünschte Erfüllung und Lebendigkeit nach innen, in die Phantasie verlegen.

„Wenn ein Mensch unter dem Bewußtsein seiner Machtlosigkeit und Isolierung leidet, kann er seine existentielle Last dadurch zu überwinden suchen, daß er sich in einen tranceartigen Zustand der Ekstase versetzt (einen Zustand des ‚Außer-Sich-Seins') und so zur Einheit mit sich selbst und mit der Natur zurückfindet. Hierzu gibt es viele Möglichkeiten. Eine sehr vorübergehende liefert die Natur mit dem Sexualakt."[6]

Eine langanhaltende, aber illusorische Möglichkeit innerer Integration dagegen liefert der Traum von der romantischen Liebe, der versucht, die verschmelzende Ekstase der Liebesumarmung zum Dauerzustand zu machen. Für uns Frauen, die wir durch unsere Geschlechtstradition darauf vorbereitet sind, auf äußere Macht zu verzichten, im „Innenbereich" zu bleiben und nur auf der emotionalen Ebene Wirkungen hervorzurufen, ist der Traum von der romantischen Liebe die älteste Droge der Welt und die häufigste Form der Kompensation für eine frustrierende Realität. Der Traum vom Helden auf dem weißen Pferd, der uns aus dem Kerker erlöst, der Traum vom strahlenden Abenteurer-Helden, der uns auf seinem Segelschiff entführt, der uns ewige Treue gelobt und dem wir unser Leben weihen, tröstete unsere Großmütter und Mütter über ihr Eingesperrtsein in der monogamen Ehe hinweg, linderte ihren Neid auf die sexuellen und sozialen Privilegien der Männer; er war der Ersatz für den Mangel an Möglichkeiten, in der Außenwelt zu wirken und Bestätigung durch Handeln und eigene Erfolge zu finden, und auch für uns Heutige ist dieser Traum noch nicht ausgeträumt. Die Möglichkeiten, die wir haben, im Außen, in der Berufswelt Wirkungen zu erzielen, die Bestätigung einer sinnvollen Existenz zu finden und uns die materielle Grundlage eines unabhängigen Lebens zu schaffen, konnten uns offenbar noch nicht genügend Kraft geben, uns von unserer alten Droge zu trennen. Bei der Entfaltung der eigenen Möglichkeiten und Fähigkeiten, bei der Durchsetzung in der Berufswelt sind Frauen durch eine Vielzahl äußerer und innerer Widerstände behindert. Noch geht es den meisten von uns wie Medea: Wir fühlen uns in einer nach wie vor vom Männlichen dominierten Welt fremd, einsam und bedroht; die romantische Liebesphantasie ist unsere „innere Heimat", in der wir uns geborgen fühlen.

Selig wird man mich preisen als seine Gemahlin, ein Götterliebling, werde ich stolz mit dem Scheitel die Sterne·berühren. Freilich, man sagt, inmitten der Wellen bewegen sich fremde Berge, Charybdis, die Feindin der Schiffe, sie schlürfe des Meeres Wasser bald ein, bald speie sie's aus; in siculischer Tiefe belle die raffende Scylla, von grimmigen Hunden umgürtet! Ach, ich halte doch fest, was ich liebe, ich klammre an Jasons Schoße mich an auf der Fahrt durch die Meere: in seiner Umarmung fürchte ich nichts, oder wenn, dann nur für den Ehegefährten.[7]

Auf diese innere Heimat, die uns Angstfreiheit gewährt, ziehen wir uns zurück, wenn der Weg zwischen der Charybdis unserer Gefühle, Hoffnungen und Wünsche und der Scylla der Alltagsrealität mit ihren Anforderungen an unsere Handlungsfähigkeit zu bedrohlich wird. Unsere Liebesphantasien¹ können uns mit ungeahnter Energie erfüllen und uns Mut machen, Wagnisse einzugehen, aber sie können uns auch zum Verhängnis werden, wenn sie unsere Kräfte binden, uns in den überkommenen Geschlechterrollen festhalten und uns an der Entwicklung zur Autonomie, an der Selbstwerdung hindern.

Verzweifeltes Heldentum

Auch das Bild des Helden, des Eroberers und Entdeckers, der ins Unbekannte aufbricht, um seine Ziele kämpft und sich allen Gefahren stellt, ist bis heute ein gültiges Identifikationsangebot für Männer.

Jasons Energien sind nach außen gerichtet. Gemeinsam mit seinen Argonauten durchquert er fremde Meere, besteht zahllose Abenteuer, unterwirft sich Mutproben, kämpft um Prestige und Macht. Dafür steht, in der patriarchalen Formung der Sage, das Goldene Vlies. Er ist nicht in demselben Maß wie Medea auf Liebe und Gemeinsamkeit bezogen; er hat seine Argonauten, seinen „Männerbund", der ihm in der Außenwelt ein Gefühl der Sicherheit, des Dazugehörens vermittelt. Viele Männer haben ihre „Argonauten", Verbündete, mit denen sie zu verwegenen Berg- oder Segeltouren aufbrechen, mit denen sie zusammenarbeiten, auf deren Unterstützung sie sich verlassen. Doch das Zusammengehörigkeitsgefühl in den „Männerbünden" geht oft nicht so weit wie die Intimität der Frauenfreundschaften. Männer untereinander sprechen selten so offen über Gefühle, wie es Frauen tun, wenn sie unter sich sind. Die Gemeinsamkeit der Argonauten scheint oft nur der gegenseitigen Bestätigung der Männlichkeit zu dienen.

Auch das Ich-Ideal des Helden hat seine destruktive Komponente: Viele Männer erleben – wie Jason – die Männerwelt, der sie nach außen hin so selbstverständlich angehören, als zutiefst feindlich und gefährlich. Jason erfährt schon in der Kindheit, was der Kampf um die Macht bedeutet. Er erlebt schon bei seinem Eintritt ins Erwachsenenalter, daß die „Väter" ihre Thronsitze und Goldschätze erbittert festhalten. Immer wieder trifft er auf feindliche Fronten; jede gerade bewältigte Schwierigkeit ruft eine neue hervor, jeder gerade errungene Sieg schafft neue Feinde, jede Eroberung ist nur die Voraussetzung für neue Kämpfe. Auf niemanden kann er sich verlassen, die Welt wimmelt von Männern wie Pelias, die junge Helden aussenden, um das Goldene Vlies für sie zu erobern, und die dann gegen die ehrgeizigen Thronfolger mobil machen.

Unter solchen Bedingungen darf man sich keine Blöße geben; die Angst vor Hingabe und Öffnung, vor Abhängigkeit und Ich-Verlust, muß ins Unermeßliche wachsen. Der „Held" braucht die Frau im Hintergrund, die ihn aufbaut, die ihn mutig, stark und unbesiegbar macht, die ihn in seinem Heldentum bestätigt. Gleichzeitig muß er aber seine Abhängigkeit von ihr leugnen, denn das Eingeständnis, der Männerwelt nicht dauernd und nicht aus eigener Kraft gewachsen zu sein, wäre erst recht nicht „heldenhaft". So wird auch der Mann, der alle seine Energien nach außen verlegt und sein Ich von seiner

Gefühlswelt abspaltet, an der Entwicklung zur Autonomie und an der Selbstwerdung gehindert.

In unserer Kultur wird Autonomie oft mit einer ihrer Vorstufen, mit äußerer Selbständigkeit und Unabhängigkeit verwechselt oder gar mit Herrschafts- und Machtvorstellungen gleichgesetzt. Häufig wird unter Autonomie die Fähigkeit verstanden, sich durchzusetzen, die eigene Wichtigkeit zu betonen und anderen ständig Beweise der eigenen Stärke und Überlegenheit zu geben. In der Definition von Arno Gruen ist wirkliche Autonomie aber „derjenige Zustand der Integration, in dem ein Mensch in voller Übereinstimmung mit seinen eigenen Gefühlen und Bedürfnissen ist".[1]

Zur Autonomie gehört also nicht nur das Bewußtsein der eigenen Stärke, sondern auch das Akzeptieren der eigenen Geborgenheits-, Zugehörigkeits- und Liebesbedürfnisse, der eigenen Schwäche und Abhängigkeit. Unsere Kultur ist einseitig auf Macht, Konkurrenz, Wettkampf und Gewinnstreben fixiert. Vor allem die auf die Herrschaftsrolle hin erzogenen Männer folgen gläubig den destruktiven Leitbildern dieser Kultur:

„Die Sucht nach Macht zerstört die Seele des Mannes. In seinem blinden Beharren darauf mindert er sich selbst und die Frau, die er dazu braucht, herab, um sein Image des Mächtigen zu bestätigen. Es ist dieses Image, das – bewußt oder unbewußt – zum Sinn seines Lebens geworden ist ... Als Männer verherrlichen wir die gefällige und zuvorkommende Frau, ohne je zu begreifen, daß der Preis, den wir dafür zahlen müssen, eine unvermeidliche Enttäuschung und Kränkung ist. Männer wünschen sich Wärme von Frauen, fürchten sich aber gleichzeitig davor. Also begnügen sie sich mit einer Fälschung: Sie lassen sich zur Größe antreiben. Anstelle warmer Geborgenheit und offener Mitmenschlichkeit wird die Beziehung zur Frau zum Nährboden, auf dem permanent gesteigertes Selbstbewußtsein, unendliche Größenphantasien und geheime Überlegenheitsansprüche gedeihen."[2]

Frauen machen dieses Spiel auch heute noch oft mit. Auch wenn sie in Wahrheit über genügend eigene Energie, Intelligenz, Tatkraft und Kreativität verfügen, fällt es ihnen schwer zu glauben, daß sie selbst etwas bewirken können. Der einzige Weg, an der „Bewirkungskraft" und an den Symbolen der Macht, an Prestige, Erfolg und Reichtum teilzuhaben, scheint über den Mann zu führen, der in seiner Lebenseinstellung, in seinen Zielen und Vorstellungen unkritisch bestätigt und in seiner narzißtischen Anspruchshaltung bestärkt wird. Die Frau lebt ihre eigenen Fähigkeiten durch den Mann und verausgabt dabei ihre Energien. Die Teilhabe an der Macht des Mannes bleibt aber immer illusorisch, sie ist immer nur ein Surrogat für die nicht geleistete eigene Verwirklichung. Die verdeckte Rache von Frauen, die ihren gesamten Ehrgeiz in den Mann hineinverlegen, ist es daher oft, daß sie darauf bestehen, zur Lenkerin seines Schicksals zu werden. „Sie zwingen ihn, immer und in jeder Lage Held zu bleiben."[3]

Das Bild, das die patriarchal geformte Sage von der Beziehung Medeas und Jasons entwirft, entspricht dieser Konstellation: Sie macht ihn durch ihr Wirken im Hintergrund zum Helden. Er muß ihr dafür Teilhabe versprechen und Dankbarkeit in Form von Treue und emotionaler Sicherheit. Sie kann nicht zu sich selbst finden, weil sie durch ihn lebt und nicht ihre eigenen Formen findet, nicht ihre eigenen Ziele definiert – im Außen und in der Beziehung –, obwohl sie über „Zauberkräfte", über ein hohes Maß an kreativer Energie verfügt.

Er kann nicht zu sich selbst finden, weil er auf Macht, Herrschaft und Gewinn fixiert ist, weil er seinem Selbstbild als „Held" genügen muß – im Außen und in der Beziehung – und den Zugang zu seinen eigenen Gefühlen verloren, die Fähigkeit zur Hingabe und zur Einfühlung eingebüßt hat.

Jeder macht den anderen für die Unausgewogenheit und Unausgefülltheit der eigenen Existenz verantwortlich, jeder glaubt, dem anderen die besten Möglichkeiten seines Lebens „geopfert" zu haben, und so werden sie zu Feinden, die einander ständig herausfordern, die einander bekämpfen und doch nicht voneinander lassen können.

Korinth oder: Die Krise

Ungeborgenheit ist heute ein allgemeines gesellschaftliches Problem, das die Geschlechterproblematik umfaßt und über sie hinausgeht. Für viele Menschen, die in den vierziger und fünfziger Jahren aufgewachsen sind, ist der Abschied von der Welt der Kindheit ein endgültiger geworden – weil diese Welt nicht mehr existiert. Die Urbanisierung und die allgemein größere Mobilität in der modernen Industriegesellschaft lösten die traditionellen Gruppierungen auf, die früher, über die Herkunftsfamilie hinaus, für Gefühle der Verwurzelung, der Zugehörigkeit, der Nähe und der Intimität sorgten: die dörfliche Gemeinschaft, deren Zusammenhalt wesentlich auf der gegenseitigen Hilfeleistung beruhte, die „gewachsene Nachbarschaft", in der Familien mit gleichem oder ähnlichem Sozialstatus über Generationen lebten, das berufsständisch geprägte Stadtviertel mit klar definiertem Charakter. Die Zugehörigkeit zu einem solchen überschaubaren Territorium kann auch Einschränkung der individuellen Freiheit bedeuten; andererseits hat der Verlust dieser alten Zugehörigkeitsstruktur die Gefühle der Entfremdung, der Verlassenheit und Einsamkeit allgemein werden lassen. Beide Geschlechter sind von diesem Verlust an Geborgenheit betroffen.

Die Tatsache, daß durch die Veränderung des politischen, wirtschaftlichen und sozialen Klimas seit dem Ende des Zweiten Weltkriegs und durch das Wiederaufblühen der Frauenbewegung seit den späten sechziger Jahren auch die Trennung von „öffentlicher" Männerwelt und „privater" Frauenwelt weitgehend aufgehoben ist, die Erfahrung, daß die traditionelle patriarchale Ehe als Lebensform der Geschlechter nicht mehr trägt, hat uns nicht nur mehr Freiheit gegeben, sondern auch ein hohes Maß an Unsicherheit und Verwirrung geschaffen. Wenn eine alte Lebensform absinkt, ist die neue nicht gleich bei der Hand. Während früher beim Eintritt ins Erwachsenenalter die Lebensform für ein Paar gleichsam mitgeliefert wurde, sind wir heute mit der Schwierigkeit konfrontiert, individuell, im trial-and-error-Verfahren, neue Formen des Zusammenlebens zu finden.

Daß Spannungen, Konflikte und Krisen im Zusammenleben von Frauen und Männern heute nicht die Ausnahme, sondern die Regel sind, liegt unter anderem daran, daß die Paarbeziehung mit Ansprüchen überfrachtet ist. Sie soll alles geben – Rückhalt, Sicherheit und Geborgenheit –, was früher die Großfamilie, die Nachbarschaft, die Bezugsgruppen der Männer- und der Frauenwelt je für sich leisteten, und sie soll dem Ideal der vollkommenen Liebe, des ständigen harmonischen Aufeinander-Bezogenseins entsprechen. Mit diesem Übermaß von Ansprüchen sind die meisten Paare überfordert.

Viele Frauen, die heute auf die Lebensmitte zugehen, wurden von Müttern erzogen, die in den Kriegsjahren in ihrer Heimat oder in der Emigration „Männerarbeit" übernehmen, auf eigenen Füßen stehen, sich zwangsläufig emanzipieren mußten und die später, in den fünfziger Jahren, an den Herd zurückkehrten. Diese Mütter gaben ihren Töchtern oft doppelte Botschaften mit auf den Weg: Entweder betonten sie bewußt, wie wichtig es sei, eine Berufsausbildung zu haben, auf eigenen Füßen zu stehen und materiell unabhängig zu sein, vermittelten aber unterschwellig, daß eine Frau ohne Ehepartner auf verlorenem Posten stehe und nie glücklich sein könne – oder sie legten den Töchtern bewußt nahe, das beste sei, so schnell wie irgend möglich einen Partner zu finden und eine Ehe zu schließen, zeigten ihnen aber deutlich, wie unausgefüllt und abhängig sie sich als „Frauen im Hintergrund" fühlten.

Die Töchter dieser Mütter gingen mit einem ambivalenten weiblichen Leitbild in ihr eigenes Leben hinein, prädestiniert dazu, ein „Medea-Syndrom" zu entwickeln: das Hin- und Hergerissensein zwischen dem Wunsch nach Unabhängigkeit und Handlungsfreiheit und der Sehnsucht nach Sicherheit und Geborgenheit in der alten weiblichen Rolle.

Das traditionelle weibliche Rollenverständnis ist zwar eng, eingeschränkt und unbefriedigend – aber es ist auch die einzige Tradition, die uns nahe ist und die uns ohne weiteres zur Verfügung steht. Weil wir keinen anderen Rückhalt und nur wenige und unsichere andere weibliche Leitbilder haben, fällt es uns so schwer, aus den alten Verhaltensmustern auszubrechen. Deshalb können wir eher selbstbewußt, selbständig und autonom sein, wenn wir allein sind, deshalb fallen wir so leicht in ein angepaßtes, duckmäuserisches Verhalten zurück, sobald wir in einer Paarbeziehung leben.

In die größten Schwierigkeiten kommen wir, wenn wir die Phantasie von der immerwährenden romantischen Liebe aufgeben wollen – oder müssen –, denn damit schlachten wir unsere heilige Kuh. In der romantischen Liebesvorstellung ist nämlich auch alles aufgehoben, was uns traditionell Überlegenheit dem Mann gegenüber garantiert, woraus wir Vertrauen in die Macht unserer Weiblichkeit beziehen: unsere unerschütterliche Liebesfähigkeit, unsere aufbauende Mütterlichkeit, unser untrügliches Gespür für Stimmungen, für Gefühle und Probleme anderer, unsere Fähigkeit zur Einfühlung, unser Verständnis, unsere Versöhnlichkeit, unsere Geduld.

Wenn der Mann, den wir lieben, sich einer anderen Frau zuwendet, wenn die Beziehung aus diesem Grund – oder aus anderen Gründen – in eine Krise gerät und die Trennung droht, fühlen wir, daß die Macht unserer Weiblichkeit, die einzige Macht, über die wir verfügen, gebrochen ist; die Eigenschaften und Fähigkeiten, auf die wir so stolz waren, werden radikal entwertet, und wir verlieren zumindest die Hälfte unserer Identität.

Besonders bedrohlich wird ein solcher Verlust, wenn wir uns der Lebensmitte nähern. In dieser Zeit vollzieht sich bei den meisten Menschen eine Veränderung des Bewußtseins. Die „Schattenlinie"[1] kommt in Sicht; plötzlich taucht ein Gefühl von Begrenzung auf, das wir in der Jugend nicht empfunden haben; Endlichkeit und Tod erscheinen am Horizont unseres Bewußtseins. Ein halbes Leben ist schon gelebt, es stehen nicht mehr alle Möglichkeiten offen. Es wird Bilanz gezogen: Nach welchem Gesetz bin ich angetreten und was bin ich geworden? Unter dem Eindruck des bevorstehenden Alters kommen verlorene, verbaute, nicht verwirklichte Lebensmöglichkeiten mit besonderer Schärfe und Klarheit ins Bewußtsein. Das zentrale Bedürfnis, das zu werden, was wir sein müssen, die Verwirklichung des eigenen Selbst, tritt in den Mittelpunkt der Persönlichkeitsentwicklung.

Obwohl die Grundkonflikte und die Anforderungen an das eigene seelische Wachstumspotential für Frauen und Männer im mittleren Alter die gleichen sind, können sie doch sehr unterschiedlich erlebt werden.

„Bei manchen Männern breitet sich eine Malaise aus, weil sie aus ihrem Leben nicht das machen konnten, was sie erwartet hatten, und mit dieser Tatsache noch dreißig bis vierzig Jahre zu leben haben. Sie finden ihr Leben und sich selbst nicht sinnvoll bestätigt und neigen dazu, die Schuld an ihrem Versagen der Ehe zuzuschieben, die sie in ihrer beruflichen und persönlichen Entwicklung gehindert habe. Sie sind zu Hause mißmutig und gereizt. Verhält sich die Frau besänftigend, so fühlen sie sich von ihr noch mehr in der verfehlten Identität gefangen. Wehrt die Frau sich aber dagegen, sich zum Sündenbock machen zu lassen, so spürt der sich unverstanden fühlende Mann nun erst recht das Bedürfnis nach einer verständnisvollen Geliebten, die ihn in seinem tragischen Los bedauert."[2]

Für Frauen sind die Veränderungsprozesse in der Lebensmitte in vieler Hinsicht schwieriger als für Männer. Beim „traditionellen" Paar ist in dieser Phase die Gleichwertigkeitsbalance extrem gestört. Die Frau wird viel stärker mit Verlusten konfrontiert, für die sie in der Außenwelt keine Kompensation zur Verfügung hat. Sie hat in der Regel die Fürsorge für Kinder und Haushalt allein – oder zum größten Teil – übernommen, und während der Mann den Höhepunkt seines Erfolges erreicht hat, steht sie, wenn die Kinder heranwachsen und sie nicht mehr so sehr brauchen, mit leeren Händen da und blickt mit Neid auf die Rollenprivilegien des Mannes.[3] Ihre Leistung, die darin liegt, daß sie die häusliche, praktische und emotionale „Infrastruktur" für die Karriere des Mannes geschaffen hat, wird nun unsichtbar; sie hat keine sichtbaren und greifbaren Spuren hinterlassen. Wenn der Mann sich nun einer anderen Frau zuwendet, bedeutet das, in ihrer Sicht, nicht nur, daß er ihr Liebe und Zuwendung entzieht, sondern auch, daß er sie um den Ertrag ihrer Arbeit, um ihre Leistung betrügt, die in der Beziehung liegt.

Aber auch Frauen, die nicht in traditionellen Ehen leben, werden sich vielleicht in der Lebensmitte darüber klar, daß sie ihre Liebesbeziehungen als unbefriedigend erlebt haben, daß sie mit Männern wie mit einer schutzwürdigen Spezies umgegangen sind, daß sie, in der Hoffnung auf eine zufriedenstellende menschliche Beziehung, immer zu sehr „gedient", zu viel von sich gegeben und aufgegeben haben. Wenn sie Kinder haben, vor allem wenn sie alleinerziehende Mütter sind, haben sie erst recht Grund, auf männliche Rollenprivilegien neidisch zu sein, und sie empfinden oft, daß sie in beiden Bereichen, im Beruf und als Mutter, auf wichtige Möglichkeiten verzichten mußten.

Meistens hat die Frau in den mittleren Jahren nicht denselben Status erreicht wie der Mann, auch wenn sie berufstätig ist und auf Kinder verzichtet hat, denn es dauert lange, bis sie den Bewußtseinsprozeß durchlaufen hat, der ihr das nötige Selbstbewußtsein verleiht, ihre eigene Kompetenz und ihre eigenen Leistungen zu würdigen und sich beruflich durchzusetzen.

Die Frau in der Lebensmitte hat schlechtere Chancen, noch eine befriedigende neue Beziehung zu einem Mann einzugehen; sie wird auf dieser Stufe körperlich als weniger attraktiv angesehen als der „Mann in den besten Jahren", und die Männer ihrer Altersstufe wenden sich oft jüngeren Frauen zu. Da sie selbst auch von den Schönheitsvorstellungen der Gesellschaft geprägt ist, erlebt sie den Verlust ihrer Jugendlichkeit als Makel. Vielleicht bemerkt sie auch, daß sie früher stärker, als es ihr bewußt war, ihre körperliche Attraktivität eingesetzt hat, um Aufmerksamkeit, Zuneigung und Liebe vom Mann zu bekommen, und sieht sich nun in ihren Möglichkeiten, neue Kontakte zu knüpfen, drastisch eingeschränkt. Wenn sich der Mann, mit dem sie zusammenlebt (ob mit oder ohne Trauschein) jetzt von ihr abwendet und mit einer anderen Frau eine Beziehung beginnt, fühlt sie sich völlig in die Enge getrieben. Da sie gelernt hat, in der Liebesbeziehung zu einem Mann wenn auch nicht den einzigen, so doch den höheren Sinn ihres Daseins zu sehen, da sie an die Möglichkeit einer neuen Liebe nicht mehr glauben kann, zumal sie sich in ihrer Weiblichkeit entwertet fühlt, sieht sie sich mit einer Katastrophe konfrontiert: Ihr Leben hat den Sinn verloren, ihr Dasein ist nichts mehr wert.

Simone de Beauvoir, die in ihrer Novelle „Eine gebrochene Frau" die Geschichte dieses klassischen Paarkonflikts aus der Perspektive der betroffenen Frau erzählt, läßt Monique, die Ich-Erzählerin sagen: „Entweder ist Maurice ein Schuft – dann habe ich mein Leben verpfuscht, indem ich ihn liebte. Oder er hatte Gründe, sich von mir abzuwenden, so daß ich mich, ohne zu wissen warum, als ein hassenswertes, verächtliches Geschöpf betrachten muß. Beide Möglichkeiten sind schrecklich."[4]

Auch wenn ihre äußere Existenz in keiner Weise bedroht ist, kann die Frau ihre Situation psychisch doch als existenzbedrohend wahrnehmen. Eine Freundin sagte mir auf dem Höhepunkt ihrer Trennungskrise: „Mit ihm zusammenbleiben und sein Verhältnis zu der anderen Frau akzeptieren, oder mich von ihm trennen – das ist wie die Wahl zwischen zwei Todesarten."

Mit dieser Situation beginnt die Tragödie des Euripides. Mit dieser Situation beginnen bis heute die destruktiven Krisen in Paarbeziehungen.

Die meisten Männer verhalten sich wie Jason: Sie suchen in der Beziehung zu der neuen Geliebten, in der neuen Verliebtheit, vor allem die verlorene Lebendigkeit, die Verjüngung ihrer Kraft, die Bestätigung, daß sie noch nicht am Ende sind, daß sie noch neue, unverbrauchte Lebensmöglichkeiten haben. Ein Jason will sich zunächst gar nicht von seiner Partnerin trennen. Die neue Liebe entlastet ihn von der Routine, zu der das Leben mit ihr erstarrt ist. Er lebt auf, es geht ihm besser, er fühlt sich von neuer Energie erfüllt, und wenn seine Frau ihm Szenen macht, versteht er gar nicht, was sie eigentlich will. Sie hat ihn doch immer bestätigt, ihm immer Verständnis entgegengebracht – warum tut sie es jetzt nicht? Sie hat ihm doch immer vermittelt, wie wichtig ihr sein Glück sei – warum will sie ihm nun seine Glücksmöglichkeiten verderben und wegnehmen? Vorbereitet durch seine Erziehung, ist er mit dem Bewußtsein durchs Leben gegangen, daß da immer eine Frau sein wird, die Interesse und Aufmerksamkeit für ihn aufbringt, die für seine leiblichen, sexuellen und seelischen Bedürfnisse sorgt. Wenn seine Partnerin jetzt Dankbarkeit einklagen will, wenn sie ihm vorhält, was sie alles für ihn getan habe, ist er empört. Sie hat nur das getan, was alle Frauen tun, es ist nichts Außergewöhnliches dabei; er hat sie nicht dazu gezwungen, und außerdem hat auch er viel für sie getan und auf Möglichkeiten verzichtet, die ihm ohne die Bindung an sie offengestanden hätten.

Häufig hat er ehrliches Interesse an seiner Frau, und ihr Leiden macht ihm Schuldgefühle. Wenn er dennoch an der Beziehung zu seiner Geliebten festhält, so tut er das nicht, um seine Partnerin zu kränken oder zu schädigen. Die neue Geliebte ist eine Bereicherung seines Lebens, und in seiner Sicht könnte auch die Beziehung zu seiner Frau harmonisch sein – wenn sie nur „vernünftig" wäre.

Aber viele Frauen in dieser Situation sind nicht

vernünftig. Ihre Eifersucht ist nicht, oder nicht in erster Linie, die Reaktion auf die sexuelle „Untreue" des Mannes – damit könnten sie fertigwerden –, sondern sie ist die Reaktion darauf, daß sie sich selbst verloren haben. Sie kochen vor Wut auf den Mann, der so viel Macht über sie und ihr Leben hat, eine Macht, die sie selbst ihm gegeben haben. Sie fühlen Haß und Aggressionen in sich aufsteigen, die sie nie zuvor in diesem Maß gespürt haben. Vielleicht ist dieser Haß die Spiegelung ihrer eigenen Untreue- und Trennungswünsche, die sie sich nie eingestanden haben. Vielleicht ist es nicht nur ihr eigener Haß, sondern auch der unterdrückte Haß ihrer Mütter und Großmütter, in dem noch ein Rest des „Zorns der Göttin" mitschwingt, aufgestaute Wut über Unfreiheit und Abhängigkeit, die Frauen von Generation zu Generation weitervererbten.

Simone de Beauvoir erzählt in ihrer Novelle, wie Monique, die von der Geliebten ihres Mannes erfahren hat, durch alle Stadien der Eifersucht hindurchgeht: von ungläubiger Betroffenheit, tiefen Selbstzweifeln über Vorwürfe, Szenen, Rachephantasien bis hin zu Haß, Wut und Verzweiflung. Als sie sieht, daß sie die alte Form der Beziehung zu ihrem Mann nicht zurückholen kann, nimmt sie Zuflucht zu Tabletten und Alkohol, vernachlässigt sich und bricht schließlich völlig zusammen. Monique erkennt ihr zentrales Problem: „Ich habe das Bild meiner selbst verloren."[5] Aber die destruktiven Kräfte des Hasses und der Rache, die in ihr freigesetzt werden, wendet sie gegen sich selbst. Simone de Beauvoir findet dafür ein treffendes Bild: Monique beginnt, unter Dauerblutungen zu leiden. Sie straft nicht, wie Medea, die Verursacher ihres Leidens, sie straft sich selbst; sie vergießt ihr eigenes Blut.

Das ist in unserer Kultur wohl die häufigste Spielart, wie Frauen mit ihren Aggressionen umgehen: Sie wenden sie nach innen, verfallen in Depressionen, zerstören ihre eigene Lebenskraft, werden selbstdestruktiv.

Andere Frauen üben Rache, nicht mit Feuer und Schwert, wie Medea, sondern mit anderen Mitteln. Sie verfolgen den Mann mit ihrem Haß, bombardieren ihn und seine Geliebte mit Drohungen und Feindseligkeiten, lassen sich scheiden, zwingen ihn auf der materiellen Ebene, alles herauszugeben, was er ihnen schuldet, machen ihn kinderlos, indem sie ihn mit allen Mitteln daran hindern, Kontakt mit den Kindern zu haben, sie zu sehen, eine eigenständige menschliche Beziehung zu ihnen aufzubauen. Sie schwärzen den Mann bei gemeinsamen Freunden an, indem sie unablässig über seine Untaten berichten, demütigen ihn, machen ihn unmöglich. Wohlgemerkt, diese Strategien sind keine Spezialität von Frauen; Männer verhalten sich in der Eifersucht und bei Trennungskrisen ebenso, und oft verstehen sie es besser als Frauen, ihre materiellen Vorteile zu wahren und das Beste für sich herauszuschlagen. Frauen sind dagegen häufig einfallsreicher in ihrer Rache – und oft haben sie auch mehr Grund dazu.

Wir schaudern vor diesen destruktiven Entwicklungen in Paarbeziehungen zurück, diesen Privatkriegen, bei denen keine Gemeinheit ausgespart bleibt, kein sadistischer Impuls zurückgehalten wird, bei denen sich Menschen, die sich einmal liebten, das Leben zur Hölle machen, sich gegenseitig beleidigen, verletzten, demütigen, ausplündern und übervorteilen – und doch wissen wir, wie alltäglich diese Geschehnisse sind. Wir alle kennen das Bedürfnis, uns zu rächen, und wir fühlen uns schuldig und schämen uns selbst vergleichsweise harmloser Racheakte, denn in unserer christlichen Kultur ist Rache strikt tabuiert.

Erich Fromm definiert Rache als spontane Reaktion auf intensive und ungerechtfertigte Leiden, die einer Person zugefügt wurden. Rache unterscheidet sich von der normalen, defensiven Aggression in zweierlei Hinsicht: „1. Sie entwickelt sich, nachdem der Schaden zugefügt wurde, und es handelt sich daher nicht um eine Verteidigung gegen drohende Gefahr. 2. Sie ist sehr viel intensiver und oft grausam, lustbetont und unersättlich."[6] Was liegt diesem Rachedurst zugrunde? Fromm erklärt, daß der Rache etwas Archaisches anhaftet, ein Rest „magischen" Denkens: „Wenn man denjenigen vernichtet, der die Untat vollbracht hat, so wird seine Tat damit auf magische Weise ungeschehen gemacht."[7]

Das vermeintliche oder tatsächliche Unrecht, der erlittene Verlust hat nicht nur Schmerz und Leiden ausgelöst, sondern auch Gefühle des Ausgeliefertseins, der Schwäche, der Minderwertigkeit aufkommen lassen. Rache üben heißt dann vor allem, die eigene Selbstachtung wiederherzustellen, den Verlust auszugleichen, Stärke, Macht, Energie zurückzugewinnen, das Gefühl wiederzuerlangen, selbst etwas bewirken zu können, nicht ausgeliefert zu sein.

Gerade für Frauen, für die das biblische „Mein ist die Rache, spricht der Herr" durchaus eine Doppelbedeutung hat, kann es wichtig sein, ihre Rachegefühle ernst zu nehmen und sich bewußt mit ihnen zu konfrontieren. Ich möchte nicht mißverstanden werden: Ich empfehle nicht zerstörerische Racheakte, da sie immer auch etwas Selbstdestruktives haben. Aber für eine Frau, die in einer Beziehung zuviel von sich aufgegeben, einen zu großen Teil ihrer selbst verloren hat, kann es notwendig sein, Haß und Rache zu empfinden und auch zu zeigen, ihren Partner radikal zu entwerten, ihn wissen zu lassen, was sie von ihm hält, um die Macht, die sie in ihn projiziert hat, wieder an sich zurückzunehmen, um in der Aggression die verlorenen Energien zurückzugewinnen. Sie sollte nicht, ihrer traditionellen Rolle gemäß, allzu versöhnlich sein, ihre eigenen Fehler beklagen und seine Fehler, seine Rücksichtslosigkeit und Grausamkeit verkleinern. Sie sollte nicht ihrem anerzogenen Bedürfnis nach Harmonie um jeden Preis nachgeben und finden, daß er doch „eigentlich nichts dafür kann", denn damit behandelt sie ihn wieder wie eine schutzwürdige Spezies, erfüllt wieder seine Geborgenheitswünsche. Er kann für sich selbst sorgen und er wird ihre Wut überleben. Wenn sie das einsieht, entlastet sie ihn von der Rolle des ewig infantilen und von der Mutter abhängigen Mannes, und sie entlastet auch sich selbst von der Rolle der unermüdlich spendenden Mutter und kann endlich beginnen, sich ihre eigenen Geborgenheitswünsche zu erfüllen. Wenn sie ihre Wut, ihren Haß und ihre Aggressionen mit vollem Bewußtsein erlebt und sich diese Regungen als natürlich und gerechtfertigt zugesteht, wird ihr daraus die Kraft zufließen, ihr Leben selbst in die Hand zu nehmen und ihre eigenen Ziele zu bestimmen. Später, wenn sie zu sich zurückgefunden hat, muß sie den Mann nicht mehr schuldig sprechen. Sie kann ihren eigenen Anteil an der Katastrophe erkennen und sich sagen, daß sie sich nun anders verhalten, daß sie das nun nicht mehr mit sich machen lassen wird.

Tod und Zerstörung können in der Krise der mittleren Jahre – insbesondere wenn diese Krise mit einer Trennung einhergeht – für eine Frau eine ganz andere Bedeutung gewinnen als inneres Geschehen. Viele Frauen wagen es in dieser Zeit zum ersten Mal, sich mit der Einsamkeit, mit dem Leben ohne Mann, ohne eine enge Zweierbeziehung zu konfrontieren, und manche erleben das wie eine Todeserfahrung, wie einen Gang durch die Wüste, die absolute Leere, das Nichts. Ihre Beziehungsphantasien und der Lebensentwurf, der darauf beruhte, sind zusammengebrochen, es ist nichts davon übriggeblieben, das Leben scheint zu Ende zu sein. Es ist gut und notwendig, um das Verlorene zu trauern, um ein Stück weiblicher Identität, das nun Vergangenheit geworden ist. Nur die Trauer macht den Abschied vom Vergangenen möglich.

Wenn Medea ihre Kinder im Tempel der Hera Akraia, der Frauengöttin, bestattet, kann das, als seelisches Geschehen, heißen, daß sie einen Teil ihrer weiblichen Lebens- und Verwirklichungsmöglichkeiten ehrenvoll begräbt. Wenn wir um unser vergangenes Frau-Sein, unsere früheren Beziehungsphantasien, unsere unerfüllten Sehnsüchte, die Wünsche und Ziele, die unser Leben bestimmt haben, mit vollem Bewußtsein trauern, wenn wir sie ehrenvoll bestatten und nicht heimlich vergraben, brauchen wir nicht in Selbsthaß zu verfallen, müssen unser Leben nicht als verfehlt entwerten, sondern können es als unser eigenes, unverwechselbares Schicksal akzeptieren. Damit versöhnen wir uns auch mit unseren Müttern, die uns unsere weibliche Rolle mit auf den Weg gegeben haben.

Wir können die Ambivalenz aufgeben, einerseits die Unabhängigkeit, andererseits die Versorgung durch den Mann zu wollen; wir können, durch die Trauer, zu unserem wirklichen Selbst finden und die Kraft gewinnen, unser Leben noch einmal neu zu entwerfen. Ebenso wie wir uns einmal an Liebe, Zuneigung, Bestätigung und Sicherheit gesättigt haben müssen, um in der Welt zu Hause zu sein, müssen wir einmal erfahren haben, daß das Ende der Liebe nicht den – endgültigen – Tod bedeutet, daß wir Trennung, Verlassenwerden, Einsamkeit überleben können, daß die Dunkelheit neues Licht gebiert, daß wir zu einer neuen Identität wiedergeboren werden.

Das Exil oder:
Das Happy-End einer Tragödie

Zum Schluß der Tragödie kehrt Medea in den Mythos zurück. Geflügelte Schlangen ziehen den Wagen, der sie ins Unbekannte davonträgt. Die geflügelten Schlangen sind das Symbol der Göttin, die über die erdhafte Fruchtbarkeit der Tiefe und über die geistige Fruchtbarkeit des Himmels verfügt. Wenn wir uns nicht mehr selbst halbieren, wenn wir uns annehmen, wie wir sind, mit unseren hellen und unseren dunklen Seiten, mit unserer Sehnsucht nach Geborgenheit und unserer Macht, Dinge in Bewegung zu setzen, heilen wir uns selbst und finden zu unserer weiblichen Ganzheit zurück.

Eine Frau, die den Tod ihrer Liebesbeziehung überlebt, das ausschließliche Bezogensein auf einen Mann begraben hat, geht aus der Trauerphase nach einer Trennung oft als neue Persönlichkeit hervor, die mit ungeahntem Selbstvertrauen ihre Fähigkeiten entfaltet und neue Wege zur Autonomie findet. Der Schlangenwagen, das Vehikel der Veränderung – ein neuer Tätigkeitsbereich, eine neue Lebensmöglichkeit – stellt sich gleichsam von selbst ein.

Die „Rückkehr in den Mythos" kann bei der Neugestaltung des Lebensplans eine wertvolle Hilfe sein – aber nicht in der Form, daß wir uns seufzend in neue Phantasien flüchten, diesmal in rückwärtsgewandte, romantisch verklärte Vorstellungen über eine Vergangenheit voller weiblicher Macht, sondern indem wir ein Bild weiblicher Ganzheit wieder zum Leben erwecken, einen neuen, lebendigen, „echten Mythos" schaffen, eine Real-Utopie weiblichen Lebens, die zum Vehikel unserer Veränderung wird.

Wir sind, zum zweiten Mal in diesem Buch, am Ende der Tragödie angekommen, und es fällt nicht leicht, die Geschichte der Beziehung der Geschlechter im Patriarchat mit einem Happy-End zu versehen. Die Frau, die mit einem neuen, veränderten Selbstbild durchs Leben geht, wird nicht auf Rosen gebettet sein. Sie wird auf heftigere Widerstände stoßen als je zuvor; vielleicht wird sie sich nun erst recht wie im Exil fühlen. Aber die Aussicht, vielleicht lange Zeit allein leben zu müssen, wird sie nicht mehr mit Angst und Schrecken erfüllen. Sie wird auch darauf vorbereitet sein, es mit neuen Schwierigkeiten, neuen Enttäuschungen aufzunehmen.

Vielleicht trifft sie auf einen Herakles, der sie in ihrer ganzen Identität akzeptiert, aber zwischen seiner Bereitschaft zu einer ebenbürtigen Partnerschaft und dem „Heldenimage", das die Gesellschaft von ihm fordert, hin- und hergerissen ist. Vielleicht begegnet sie einem Theseus, der sich tödlich bedroht fühlt, wenn sie einmal „giftig" wird, und sie sofort mit gezücktem Schwert aus seinem Leben vertreibt. Aber wenn sie nun weiterziehen muß, gerät sie nicht mehr in eine existentielle Krise, denn sie hat jetzt die Kraft, sich ihr eigenes Reich aufzubauen.

„Medea, freue dich, denn mit schönerem Gruß weiß keiner seine Freunde anzureden"[1] – das sagt Aigeus, ihr alter Freund aus Athen, der ihr schon am Anfang ihrer Krise beigestanden hatte. Ihm konnte sie ihr Herz ausschütten – „Was sagt du? Genau erzähle mir dein Ungemach!" –, bei ihm fand sie Interesse, Unterstützung und Beistand. Er bestätigte sie in ihrer Identität und wußte ihre Stärke zu schätzen. Er bot ihr auch die Möglichkeit einer neuen Partnerschaft an. Ein „Aigeus" ist souverän genug, eine „Medea" zu akzeptieren; mit ihm kann sie eine befriedigende menschliche Beziehung aufbauen – vorausgesetzt, sie kann sich damit abfinden, daß diese Beziehung etwas „Unspektakuläres" haben wird, vorausgesetzt, sie kann auf das leidenschaftliche Auf und Ab verzichten, das früher, bei allem Leiden, in der Beziehung zu ihrem Helden so faszinierend war.

Der Mythos zeigt auch noch eine andere Möglichkeit. In einer Variante der Überlieferung versöhnt sich Medea mit Jason und verjüngt ihn mit ihren Zauberkräften. Manchmal ereignet sich auch das

Unwahrscheinliche: Ein Paar begegnet sich nach einer Trennung, nach einer Zeit der Trauer und der Distanz wieder, eine schon begrabene Hoffnung wird wiederbelebt, eine schon abgestorbene Beziehung wird transformiert und erwacht verjüngt zu neuem Leben. Oft geht dabei der Impuls zur Veränderung von der Frau aus, die durch die Trauer zu sich selbst gefunden hat und von der nun eine für den Mann faszinierende Ausstrahlung neuer Stärke und Lebendigkeit ausgeht. Er sieht eine Frau vor sich, die über einen „Schlangenwagen" und einen „Kessel der Verjüngung" verfügt, die ihre vitalen und kreativen Kräfte an sich zurückgenommen und die Macht über sich selbst wiedergewonnen hat. Diese Frau wird nicht in die alten Beziehungsmuster zurückfallen. Sie hat sich selbst und kann sich nicht mehr verlieren.

Anmerkungen

Einleitung: Begegnung mit Medea

1 Es gibt Medea-Dichtungen von Ovid, Lucan, Seneca, und, seit dem 17. Jahrhundert, von Corneille, Cherubini, Grillparzer, von Jahnn und Anouilh und einen Medea-Film von Pasolini, um nur einige der Bearbeitungen zu nennen. Wie unterschiedlich die Autoren die Gestalt der Medea auch interpretieren, blieben sie doch fast ausnahmslos der euripideischen Darstellung Medeas als „Barbarin", Rächerin und Kindesmörderin verpflichtet. Erst in jüngster Zeit wichen der Dramatiker George Tabori mit seinem Bühnenstück „Medea" und die Filmemacherin Ula Stöckl mit ihrem Film „Der Schlaf der Vernunft" von diesem Muster ab.

2 s. Paulys Realencyclopädie der classischen Altertumswissenschaften, Stuttgart 1931, Stichwort: Medea. Pauly schreibt: „Die Formung der Sage durch Euripides war von ungeheurem Einfluß auf alle Folgezeit, ungezählte Erwähnungen bei griechischen und römischen Autoren beweisen das ebenso wie die Werke der bildenden Kunst."

3 Der Name Medea (Mideia) steht in sprachlichem Zusammenhang mit dem Namen der Weisheitsgöttin Metis (Erkenntnis) und mit den Namen weiser und heilkundiger Frauen in der griechischen Mythologie, die auf -mede enden wie Polymede und Agamede. Von Agamede sagt Homer in der Ilias, daß sie alle Heilmittel kannte, die auf Erden wachsen. „Unverkennbar gehören alle diese Namen zu (dem altgriechischen Wort) midomai, in ihnen liegt das Ersinnen, verbunden mit der Verwirklichung des Gedankens; es sind Frauen, die sich und anderen Rat wissen" (Pauly, Realencyclopädie ..., a.a.O.).

4 s. dazu: Hugo Meyer: Medeia und die Peliaden; ein Versuch zur Sagenforschung auf archäologischer Grundlage, Rom 1980 (Überarb. Fassung der Dissertation Göttingen 1978).

5   s. Pauly, a.a.O.
6   s. Margarete Mitscherlich: Die friedfertige Frau, Frankfurt
a.M. 1985, S. 82–84.
7   a.a.O. S. 139.
8   zu Eumelos s. Pauly, a.a.O.
Die Episode von Medea und den Töchtern des Pelias, die wir in
diesem Zusammenhang nur streifen, ist nach der Auffassung von
Hugo Meyer eine relativ junge literarische Erfindung. S. Hugo
Meyer, a.a.O.
9   Apollonios Rhodios: Argonautica, altgriechisch und englisch,
übers. von Reginald Colborne Seaton (1912), London 1961.
10 Karl Kerényi: Die Mythologie der Griechen (1951), München
1966, Bd. 1, S. 151 ff.; Bd. 2, S. 208 ff.
11 Robert von Ranke-Graves: Griechische Mythologie (1955),
Reinbek bei Hamburg 1984, S. 557 ff.

Das Bild der Medea in Mythos und Sage

1   Karl Kerényi: Die Mythologie der Griechen, a.a.O., Bd. 2,
S. 210.
2   a.a.O., S. 217.
3   a.a.O., S. 219.
4   Euripides: Medea; alle folgenden Zitate aus der Ausgabe Reclam Universalbibliothek Nr. 7978, altgriechisch-deutsch, Stuttgart 1983.
5   Aphrodite, nach ihrem Hauptheiligtum auf Zypern Kypris
genannt.

Transformationsstufen des Mythos

Die Spuren der alten Göttin

1   Heide Göttner-Abendroth: Die Göttin und ihr Heros (1980),
München 1984, S. 11 ff.
2   Ranke-Graves: Griechische Mythologie, a.a.O., S. 19.
3   Pelasgischer Schöpfungsmythos; s. Ranke-Graves, a.a.O., S.
22/23.
4   a.a.O., S. 12 ff.
5   s. dazu: Heide Göttner-Abendroth: Die Göttin und ihr Heros,
a.a.O.

6 Zur Deutung der Namen s. Paulys Realencyclopädie der klassischen Altertumswissenschaften, a.a.O., und Kerényi: Die Mythologie der Griechen, a.a.O.
7 s. Erich Fromm: Anatomie der menschlichen Destruktivität (1973), Reinbek bei Hamburg 1986, S. 203.
8 s. Ranke-Graves: Griechische Mythologie, a.a.O., S. 427.
9 Erich Neumann: Die große Mutter (1956), Olten und Freiburg im Breisgau 1985, S. 261.

Der Tod und die Heilkunst

1 s. dazu Ranke-Graves, a.a.O., und Pauly, a.a.O.
2 Heide Göttner-Abendroth, a.a.O., S. 17.
3 Pauly, a.a.O., Stichwort: Hekate.
4 Ranke-Graves, a.a.O., S. 36 ff., S. 86 ff., S. 113 ff.
5 s. dazu: Olga Rinne (Hrsg.): Wie Aua den Geistern geweiht wurde; Geschichten, Märchen und Mythen der Schamanen, Darmstadt und Neuwied 1983.
6 Ranke-Graves, a.a.O., S. 155–157, S. 221.
7 a.a.O., S. 579.
8 s. dazu: Gunnar Heinsohn und Otto Steiger: Die Vernichtung der Weisen Frauen, Herbstein 1985.

Medea als Symbol der Übergangszeit

1 s. Erich Fromm: Anatomie der menschlichen Destruktivität, a.a.O., S. 173–206; Zitat: S. 186.
2 a.a.O., S. 187.
3 Ranke-Graves, a.a.O., S. 76.
4 a.a.O., S. 37 ff.
5 s. dazu: Susanne Heine: Wiederbelebung der Göttinnen? Göttingen 1987, S. 112, 113.
Susanne Heines Arbeit ist eine sehr fundierte und lesenswerte Kritik der feministischen Matriarchatsforschung; die Autorin zieht aus den erwähnten Zusammenhängen andere Schlüsse, nämlich die, daß es wohl Zeiten und Kulturen gegeben habe, in denen ein soziales Gleichgewicht zwischen Frauen und Männern bestand, nicht aber Matriarchate im Sinn umfassender epochaler weiblicher Herrschaftssysteme oder eine „matriarchale Epoche", wie Göttner-Abendroth sie annimmt.

143

6 Ranke-Graves, a.a.O., S. 16ff.
7 a.a.O., S. 197.
8 a.a.O., S. 43.
9 a.a.O., S. 82–83.
10 a.a.O., S. 425ff., S. 575ff.

Das brennende Gewand

1 Ranke-Graves, a.a.O., S. 522ff.
2 Herodot: Historien; zit. nach der Ausgabe bei Kröner, Stuttgart 1971, S. 2.
3 Ranke-Graves, a.a.O., S. 61.
4 Ernest Bornemann: Das Patriarchat, Frankfurt a.M. 1975, S. 197.
5 Herodot, zit. nach Bornemann, a.a.O., S. 112.

Die eifersüchtige Gattin:
Exkurs in die Gefühlswelt der Gegenwart

1 s. Gerhard Wahrig: Deutsches Wörterbuch, Berlin, New York 1975–84; Stichwort Eifersucht, Eifer, und: Deutsches Wörterbuch von Jakob und Wilhelm Grimm, Leipzig 1854, München 1984.
2 Hildegard Baumgart: Eifersucht, Reinbek bei Hamburg 1985, S. 39.
3 s. Ernest Bornemann: Die neue Eifersucht, München 1986, S. 123ff.
4 s. Hildegard Baumgart, a.a.O., S. 68.
5 s. Erich Neumann: Die Große Mutter, a.a.O., S. 272–273.
6 Ruth Benedict: Urformen der Kultur, Hamburg 1955, S. 60ff.
7 Ernest Bornemann: Das Patriarchat, a.a.O., S. 214ff.
8 Euripides: Medea.
9 Johann Jakob Bachofen: Mutterrecht und Urreligion (Auswahl), Leipzig 1926, S. 136.
10 Ernest Bornemann: Die neue Eifersucht, a.a.O., S. 75.
11 a.a.O., S. 39.
12 Sigmund Freud: Über einige neurotische Mechanismen bei Eifersucht, Paranoia und Homosexualität; in: Sigmund Freud: Gesammelte Werke, XIII. (1920–1924), Frankfurt a.M. 1968, S. 195ff.

144

Eine Göttin verschwindet

1 s. Pauly, a.a.O., Stichwort: Hekate; s. dazu auch: Ingrid Riedel: Demeters Suche, Zürich 1986.

2 s. Ranke-Graves, a.a.O., S. 18ff.

3 s. dazu: John A. Phillips: Eva; von der Göttin zur Dämonin, Stuttgart 1987.

4 s. Hildegunde Wöller: Ein Traum von Christus, Stuttgart 1987, S. 122ff.

5 Erich Neumann: Ursprungsgeschichte des Bewußtseins; München 1974, S. 261.

6 a.a.O., S. 45.

7 Sigmund Freud: Jenseits des Lustprinzips, in: Gesammelte Werke, a.a.O., Bd. XIII, S. 17.

8 Das Tibetanische Totenbuch; hrsg. von W. Y. Evans-Wentz, Olten und Freiburg im Breisgau 1971, S. 214.

9 a.a.O., S. 209.

10 s. Hildegard Baumgart: Eifersucht, a.a.O., S. 137.

Der dunkle Spiegel

Verliebtheit als Verhängnis

1 Aphrodite, nach ihrem Haupttheiligtum auf Zypern Kypris genannt.

2 Begleiterin Aphrodites, die personifizierte Verführung.

3 Pindar: Pythische Oden IV; zit. nach der Ausgabe Reclam Universalbibliothek Nr. 8314, Stuttgart 1986, S. 129.

4 Ovid: Metamorphosen, 7. Buch; zit. nach der Ausgabe Reclam Universalbibliothek Nr. 356(8), Zürich/Stuttgart 1958–86, S. 213.

5 Apollonios Rhodios: Argonautica, a.a.O., Buch IV, aus dem Englischen übertragen von der Autorin.

6 Margarete Mitscherlich: Müssen wir hassen?, München 1983, S. 33.

7 Fritz Riemann: Grundformen der Angst, München 1975, 1978, S. 13ff.

8 Margarete Mitscherlich, a.a.O., S. 33.

9 Luise Eichenbaum, Susie Orbach: Was wollen die Frauen?, Reinbek bei Hamburg 1986, S. 23ff.

10 Margarete Mitscherlich, a.a.O., S. 31.

11 Luise Eichenbaum und Susie Orbach, a.a.O., S. 42.

„Verläßt du mich nicht, verlaß ich dich auch nicht"

1 Grimms Märchen: Fundevogel.
2 Abraham Maslow: Motivation und Persönlichkeit (1954), Reinbek bei Hamburg 1984, S. 225.
3 Dieser Begriff wurde von dem Psychoanalytiker und Paartherapeuten Jürg Willi geprägt.
4 Jürg Willi: Die Zweierbeziehung; Reinbek bei Hamburg 1975, S. 59 ff.
5 a.a.O., S. 59.
6 Erich Fromm: Anatomie der menschlichen Destruktivität, a.a.O., S. 310.
7 Ovid: Metamorphosen, 7. Buch.

Verzweifeltes Heldentum

1 Arno Gruen: Verrat am Selbst, München 1986, S. 17.
2 a.a.O., S. 81.
3 a.a.O., S. 51.

Korinth oder: Die Krise

1 Titel einer Novelle von Josef Conrad, die um dieses Thema kreist.
2 Jürg Willi: Die Zweierbeziehung, a.a.O., S. 39.
3 a.a.O., S. 41 ff.
4 Simone de Beauvoir: Eine gebrochene Frau (1967), Reinbek bei Hamburg 1985, S. 138.
5 a.a.O., S. 308.
6 Erich Fromm: Anatomie der menschlichen Destruktivität, a.a.O., S. 306.
7 a.a.O., S. 308.

Das Exil oder: Das Happy-End einer Tragödie

1 Euripides: Medea; episodion Medea-Aigeus.

Urbilder der kristallinen Materie

Zum Foto auf dem Umschlag von Manfred P. Kage

Wissenschaftlich ausgedrückt, handelt es sich bei diesen Bildern um willkürlich gesteuerte Kristallisationen natürlicher und synthetischer Stoffe, die zwischen zwei Glasplatten durch Temperatureinfluß aus der Schmelze rekristallisiert oder durch Verdunstung des Lösungsmittels kristallisiert wurden. Diese Kristallpräparate werden in einem Kameramikroskop mit Hilfe von polarisiertem Licht und einem von Kage entwickelten Spezialkompensator, dem Polychromator, fotografiert.

Der Polychromator ist eine Art optischer Synthesizer oder besser ein „optisches Musikinstrument", mit dem Kaskaden von Klangfarben in einerseits gesetzmäßiger, andererseits beliebiger Folge von Farbklängen gestaltet werden können. So lassen sich beispielsweise von einem Gesteinsdünnschliff, einer hauchdünnen Schicht von kristallisiertem Schwefel oder von Sphäritgefügen des Triphenylmethans eine unerschöpfliche Fülle von permutierenden Farbvariationen erzeugen. Was steckt nun aber dahinter?

Die Aggregatzustände der festen Kristalle, der kristallinen und amorphen Flüssigkeiten sowie der gasförmigen Stoffe entsprechen den Tamas, Rayas und Satvas der indischen Sankhja-Philosophie, welche die statischen Niveaus der Verwandlungen und

Seinszustände bezeichnen. Die europäische Analogie dazu wären Physis, Bios, Psyche und Pneuma,
denen auf der materiellen Seite die Zustände fest,
kristallin-flüssig (mesomorph), flüssig und gasförmig
entsprechen.

Wer sich mit der Entstehung der Planeten beschäftigt, kennt die immense Bedeutung der Kristal-
lisations- und Erstarrungsvorgänge in der Planeten-
oberfläche, die Gesteins- und Gebirgsschichten her-
vorbringen. Die Kristallbildung ist das Urmodell der
Festkörperanteile aller Lebewesen; Kristallgitter finden sich in der Zellulose und damit im Holz, in den
Kieselskeletten der Radolarien und Diatomeen, in
den Schalen und Panzern der Korallen, Muscheln
und Seeigel sowie in den Kalkgefügen des Knochen-
baus der Säugetiere.

Durch chemische oder alchimistische Verwandlungen des Stoffes lassen sich neue Kristallformen
erzeugen; künstlerische Empfindung und der unerschöpfliche Formenreichtum der Natur treten miteinander in Kommunikation.

Ein optisches Kaleidoskop mit zwei Präzisions-
spiegeln ermöglicht zusätzlich die Symmetrierung
der kristallinen Bildwerke zu Mandalas, den Urbil-
dern der Seele. Die suggestive Zentrierung, die das
Auge zur Mitte lenkt, eröffnet einen Blick in den
imaginären, mythischen Raum, in welchem die
Strukturen der Materie und der Psyche nicht voneinander zu unterscheiden sind.